U0938394

愛是一種勇氣

羅乃萱 著

愛是一種勇氣
作者／羅乃萱
策劃編輯／伍詠慈
美術設計／陳詩韻
封面攝影／黃國榮
出版發行／突破出版社
香港沙田亞公角山路33號突破青年村
電話：2632 0000　傳真：2632 0388
電郵：breakthrough@breakthrough.org.hk
網址：http://www.breakthrough.org.hk
http://www.btproduct.com
承印／海洋印務
2017年2月初版1刷
2017年7月初版2刷

Courage to Love
by Shirley Loo
First Printing, First Edition, February 2017
Second Printing, First Edition, July 2017

Printed in Hong Kong
ISBN 978-988-8392-30-8

書內照片提供：Vivian Wan（頁 6, 頁 44）、Jannoon028（頁 68）、Daviles/Freepik（頁 138），特此鳴謝。

本書經文取自《新標點和合本》，版權為香港聖經公會所有，承蒙允准採用，特此鳴謝。

誠邀閣下就突破出版社的書籍發表意見

歡迎加入突破書籍 Facebook page — http://www.facebook.com/btbooks.page

本書採用環保油墨印刷

心　靈　地　圖

關懷、連繫、復和、

溝通、對話⋯⋯

凝視心之脈動，

直到重新尋獲自己的心。

目錄

有時，我們會在關係中受傷

受傷了，等待療癒

重尋連結的勇氣

堅持在一起

有時，我們會在

關係中受傷

不要把人性想得太簡單，

也不要把自己想得太剛強。

我們比想像中軟弱

從前有一個財主，正要出門談生意的時候，遇上久違的老友到訪。

「多年不見，生活還好嗎？」

「別提了，唉！」財主見老友衣衫襤褸，楚楚可憐，遂邀他一同上路。聊着走着，更把身上的貴重衣服披在對方身上。

朋友見貌，忍不住大讚：「你看！穿上這套衣服，讓我整個人脱胎換骨似的！」

財主看到朋友高興的模樣，心中大慰。未幾，到了目的地，他把這位身穿「貴衣」的老友，介紹給一位城中顯赫的生意人，兩個人愈談愈投契，把本要來談生意的財主冷落一旁。更奇怪的是，這位老友竟絲毫沒提及現在的不堪，還拚命吹噓自己的背景人脈。

離開道別之際，那位生意仍未談攏，為老友大開人脈之門的財主，終於發難：「他身上的衣服，是我借給他的！」

財主說罷，心中有點後悔，怪責自己的失儀。怎麼會在這個時候，冒出這樣一句「不恰當」的話。

其實，這只是人性中的嫉妒、猜忌，「溜了嘴」說出來罷了。財主之所以後悔，是因為他高估了自己的「包容度」，以為自己是什麼事情都不計較，事事看得開的人，怎知一件外衣，就揭了他的「底牌」。當然，那位老友也是滿有機心的，否則，又怎會隱瞞「真相」，把朋友的客「白白」搶了過去。

這是一則過去讀到的故事，但在現實生活中，類似的情節總是層出不窮。它們旨在提醒我們，不要把人性想得太簡單，也不要把自己想得太剛強。多少時候，我們都是比想像中軟弱的。

真正的幫忙是協助對方最終能獨立自強。

過分熱心

她第一眼碰上那婦人，就覺得她很可憐：年輕守寡，孩子失去了爸，四出求救無門。她想也不想，就一方面請假幫她照顧孩子，一方面四出張羅為她找律師申訴。可是，不出幾個禮拜，她發覺婦人的態度有異，從每天一通電話到多番留言也一句不回。

有一天，本以為替婦人找了一位熱心的律師幫忙，對方會很高興，結果，得到的答覆竟是：「對不起！有朋友已找了某某為我打官司。」那位某某，當然是城中顯赫有名的律師。

聽罷，她知道，自己的一腔熱誠被人利用了。

朋友的故事，只是一例，自己也是這樣。曾經覺得，助人為快樂之本。別人有需要，總該盡力幫忙。只是，經「多」事長一智，想法不一樣了。

做人有古道熱腸不是不好，但過分就不好了。何謂過分？

就是對那個求助的人，認識不深；對他的處境，更是單憑一面之詞，就深深相信，以為他是天地間最可憐最需要幫助的。

友人聽了我的這番話，不以為然：「幫人就是幫人，哪怕自己吃多少虧！」只是，倘若對方處處以自己的不幸，來博取他人同情與討便宜的心態；咱們這樣做，是真的幫忙了他，還是一種縱容？真正的幫忙是協助對方最終能獨立自強，倘若對方只會愈來愈依賴，自己又一直在吃虧，那有何用？

讀過一句話：「熱心，要按着真知識」，就是熱心之餘，也要多知道背後的真相實況。這句話，恐怕是對咱們這些容易動「熱心」的人一響暮鼓晨鐘。

過度的敏感讓女性吃盡苦頭。

敏感傷人

敏感這兩個字，本來只是用來形容一個人對一些東西的反應。比方說，有人對食物敏感，一沾到那些食物便會臉腫嘴脹，痛苦萬分。不過，通常對某些食物或東西敏感的人，只要知道過敏原是何物，就能避過這些非必要的災難。

最要命的，是把這兩個字用來描寫一個人：「她這個人真敏感！」

說穿了，就是代表她小器、沒量度、事事計較、不容易相處等等。一個敏感的女人，最好不要刺激她，說話前也要思前想後，免得有哪一句話觸動到她的神經。

曾與友人談及此話題，兩個女人得到的結論是：女人生出來是比男人敏感，這是不爭的事實。問題只是，怎樣把這個特質變成一個優勢而不是負累。

女人有一種天生的嗅覺，一見那個人，就好像聞到他（她）有什麼不對勁的味兒，是騷的還是辣的，是酸的還是甜的，一嗅便知。不過這種天生的感覺，卻讓她比別人（特別是男人）多了一種體恤別人的憐憫。所以，女孩子多能勝任一些安慰與開解人的工作。

但過度的敏感卻讓女性吃盡苦頭。友人形容敏感是女性天生的一面鏡子，需要時拿出來觀照自我。過度敏感的人，卻把這個「優勢」過分擴張了，總之合時或不合時，都拿出來反照一番，照多了就自然愈看自己愈不順眼，愈看別人也愈不對勁。

敏感的女人，就像街頭那些一看白光體，就忙着佇立照鏡的女人一樣，一不小心便被人撞至頭腫腳傷。旁人呢，還是不要走得太近為妙！

心靈的傷口需要愛惜保護，
而不是在自己的傷口上自灑鹽巴。

自責

剛剛經歷過一場心靈災劫，身心俱疲的她，上個星期喜孜孜跟我說：「我已經從低谷爬起來了！」只是不到一個禮拜，她又愁眉不展的跟我說：「糟糕！那天觸景傷情，我的情緒又跌到谷底！」接着，聽到的是一連串的自責：「明明能吃能睡，一切恢復正常，怎麼那麼糟？一下子又掉進情緒的深淵！」

我告訴她，不要緊啊！人心靈的傷口，是需要一段時間才能治癒的。在這時候，我們需要的是自愛而不是自責。

愈來愈發現，身邊不少人在人生旅途上遭逢劫難，都會很容易掉進一個模式：先是怨天尤人，繼而進入哀傷失落、意志消沉的階段，到稍有起色，旋即又墮進自責的幽谷。

失戀的她，會不斷自責：「如果當初帶眼識人，就不會落至今日這個田地！」

被老闆出賣的他會説：「只怪自己太賣命，沒看清楚老闆是一個怎樣的人！」

俗語有云：「愛之深，責之切」，是指自己對那些深愛的人的責備。原來，對那些傷害自己甚深的人，就是「傷之深，責之切」，不過換了主客，受傷的是自己，責備的也是自己。

肉體受過傷（或動過手術）的人會知道，受創甚深的傷口觸一下都會痛，完全復元更需時。唯一能做的，便是用手護着那個受傷的地方，不要觸及舊患。同樣，心靈的傷口也需要如此的愛惜保護，而不是在自己的傷口上自灑鹽巴。

所以，送別她時，我拍拍她的肩膀：「從這樣漩渦中熬過來已經不易，可要對自己寬容點，愛惜點啊！」

說了做了，卻覺得是不該說，
不該做的，卻又無法收回。

沒法收回的信

黃昏時分，郵筒的旁邊站着一個穿校服的女生。

未幾，郵差的車子到了。她見到了郵差，臉上綻放着笑容。站在一條馬路之遙的我，只能隱約看到她不斷跟郵差用手勢比劃，猜得出她的意思，大概是她想取回一封剛寄出去的信。

可憐的女孩，乞求了整整十五分鐘，郵差雖然面現笑顏，頭卻不斷地搖。

後來，她一臉垂頭喪氣地走過馬路，閃過我身旁的時候，說了句：「真麻煩！那個郵差一定要我到郵政中心申請才能拿信！」

寄出去的信，這麼有形有體的東西，也這麼難收回，更何況是說出去的話呢！

有沒有想過，有些時候，咱們所做的事，講過的一兩句話，就像這女孩子手中寄出去的信，說了做了，卻覺得是不該說，不該做的，卻又無法收回呢？

故意傷害他人的言語，一出口當然就是明箭，刺透別人的心。這是最明顯的。

但有時一個人憤怒時做出的回應，也會犯此大忌。任何一句無傷大雅的埋怨，挾着暴怒之名，就會來得更決絕，更不留情面：「你從來都是這樣！」「你信不信我會……」

當然更隱性的，是那一句句有心卻無力實踐的諾言保證。什麼「一定」、什麼「永遠」、什麼「沒事」，都是那麼輕率地講出去，又是那麼隨便地忘記。

望着女孩空手而回的背影，她一定在想，自己為什麼不檢查清楚那封信才寄出？為什麼那個郵差不肯給她留一點情面，事情一定非這樣公事公辦嗎？

比一比，就苦上加苦了。

愈比較愈受苦

聽過她的淒涼故事，見到她憔悴的臉容，更明白她的苦況。

「沒有人比我更苦。」這是她常掛在嘴邊的話。吃苦的童年，吃苦的打工生涯，吃苦的婚姻，都在啞忍中默默度過。

今天，她説自己已從萬般苦中昂首踏步出來。只是掛在嘴邊，仍是那句話：「沒有人比我更苦」。本來幾個人圍攏着，聽她從古至今滔滔不絕，無傷大雅之餘，還可起一種治療之效。問題是她愛關心那些跟她同受諸般苦楚的人，更想安慰她們。

「你會跟她們怎麼説？」直覺告訴我，她的傷口仍在淌血，又怎能替別人包裹？

「我會先聽她們説説自己的苦況，然後跟她説説我的。她就會明白，自己所遭遇的，跟我比起來簡直是小巫見大巫！」

唉！那管她碰上什麼慘絕人寰的淒苦，可知道每個人的苦都是那麼獨一無二的。簡單舉個例，有人覺得失戀最苦，也有人在失戀的日子裏，不曾掉過一滴眼淚，日子還是快快樂樂照過。苦就是苦，不是發現有人比自己苦，然後就可以縮小自己的苦，否則，把所有自覺最苦的人找來，組成一個旅行團到印度最貧苦的地方，探望那些「比自己更苦」的人，不就行了？

一個落在深淵的人，已經夠倒楣了。旁邊還跑出一個人，輕描淡寫跟她說：「你以為這是苦嗎？根本算不了什麼！」跟着向她道盡更苦更淒涼的遭遇。你以為聽的人會覺得你是幫她分憂，還是把一塊又一塊的大石扛在她背上？

苦，千萬別拿出來比。比一比，就苦上加苦了。

別讓過去的幽暗陰霾不散。

女人的悲哀

孤燈下，批改着百多份的女性成長作業，是一份份血淚交纏的歷史印記。

重男輕女的年代

生在那重男輕女的年代，一家平均也有六、七個孩子。父母都為口奔馳，孩子只待天生天養。一索得男倒好，否則母親便成了生育的機器，生呀生呀直到誕下男胎才罷休。更苦的是，若全家上下都以為這一胎必定生男，孰知天意弄人，又是一個「虧本貨」時（因女兒要嫁給人家的嘛！），這女孩便命途坎坷了。

「媽媽告訴我，我出生那天，爸爸一直沒有來醫院探她，也沒有接她出院。爺爺奶奶更不用說了……我一來到世界就是不受歡迎的。」家庭的不平等對待，唸至初中便不能繼續，要賺錢供弟弟讀書的桎梏，都在她的童年歲月刻下了不可磨滅的烙印。

另一類女孩的遭遇也好不到那兒。從小她就被教育，女兒家不用唸那麼多書，即使真的跟得上，還不如出外工作賺錢供弟弟讀書，那才是姐姐該負的責任。她最終的命運，便是找一頭好夫家，嫁一個好丈夫。有多少可以唸書求學的好姊妹，便是把自己的前途斷送在這套「女人唸那麼多書幹嘛，不如嫁人算了」的思想手中。

生為女性的悲哀

讀着唸着，竟也勾起了自己一段成長的回憶。

姐姐是長女，母親經過多趟小產才誕下我這個「七星孩」(懷胎七個月便搶閘出世)。父親盼兒心切，在母親繼續「努力」之餘，也刻意把我扮成男孩，大概是想收「望梅止渴」之效。直至弟弟於四年後呱呱墮地，我才回復女兒身。清晰記得，爸爸替弟弟擺滿月酒的那個晚上，一位遠房親戚走近，語重心長的對我說：「妹妹呀，現在你弟弟出世，是兒子來的，爸爸媽媽不會那麼疼你了！」那句話就像一根刺，插進我心深處，每逢父母有什麼偏坦屈枉的時候，心底這根刺便會伺機而動，令我隱隱作痛。

在我們的年代，生為女兒身，無疑是為童年蓋上了一層陰影，讓人窺不見海闊天空。當別的男孩在鼓舞、欣賞、讚美的掌聲中長大的時候，有些女孩卻在冷漠、歧視與否定的悲鳴中瑟縮飲泣。這些偏見鋪設了一張溫牀，孕育了婦女自卑、自憐、自罪的劣根性。

「都是我不好，要怪便怪我吧！」我們很容易將錯歸自己。見過一個窮兇極惡的男人，當眾羞辱一個纖纖女子，在旁的女人竟跑去規勸：「快說對不起吧！不會說的話，我教你，這樣，拍拍心口，說都是我的錯，他便息怒了！」在明眼人都知道誰是誰非的當下，她的選擇只有一個——道歉認錯。

活在遏抑下

又或者，在不斷的貶抑與挫敗下，接納了那個無奈的現實：「我覺得自己一無是處。」曾有一個女人跟我說過：「婚我結了，兒子我生了，此生要做的也完成了，加上自己身體又不好，沒有用了，不如……」正當她要把話說下去的時間，我唯有緊緊抓住她的手：「上主把你的生命存留，一定有祂的心意，別再妄自菲薄，用心活下去啊！」對，妄自菲薄，強認自作孽，都是女性把自己推向絕路的負面思想。

面對一切有形無形的壓制，女性除了甘之如飴受盡委屈以外，也有些視種種否定為反撲的推動力：「他們愈是瞧不起我，我愈要幹得出色給他看！」只可惜，這種思維仍擺脱不了被別人牽着鼻子走的轄制。為什麼要做給他看？他真的會看嗎？

當然，還有一個冷面無形的殺手，可以把女性自尊摧毀淨盡的——那就是對愛情的不迭追尋與難捨難棄。認識一些女子愛把分分秒秒都浸淫在愛情的泡泡浴中，追逐了這個，又遇上了那個他。世事弄人的地方是，對愛情充滿憧憬的女孩，通常會遇上情場浪子；一個認真，一個遊戲，女的遂被鞭撻得遍體鱗傷。她所做的一切，都是為了迎迓愛情，結果愛情卻背叛她而去。

姐姐妹妹站起來

這個年代的女子又如何？

那個星光燦爛的晚上，我特意赴了一個年輕嫵媚的女子的邀約，跟她們風花雪月，不談愛情，不談男人，只細數生命歷程中

的歡樂與尷尬事。原來，兩個傻兮兮的女孩背着背囊歐遊可以發生這麼多糗事樂事；原來，面對輔導過程中小女孩成長的掙扎，我們會提醒自己別墮自怨自艾的陷阱。席間，有人終於按捺不住：「那你怎看你那要求多多的男朋友？」被問的她竟從容回答：「他的要求，我若覺得對，便聽他的，如果不合理，當然不依。但最重要的，是別把這些看法扯得太負面，凡事積極點看，總有值得乾杯的理由！是嗎？」

是的。別讓過去的幽暗陰霾不散，姐姐妹妹手牽手撥開雲霧，同撐起那半邊天吧！

生命裏有一些苦毒，
是要喝到最苦最澀之處，
才甘心樂意吐出來的。

心靈也要清洗

有段日子，開啟電腦的時候，很多事情都不順暢。不是當機，就是開不到電郵，又或不能關機。一直以為這是電腦本身或是網絡公司的問題，直至那個早上，跟熟悉電腦的友人聊起，他不經意的問了一句：「你有定時清理磁碟嗎？」

「怎樣清理？你的意思是把硬碟拿出來清洗？」我因為是電腦盲，所以傻話直說。

「不，那是電腦內的一個程式，可把多餘及佔用空間的檔案除掉，功效就跟打掃抽屜一樣，清理過後空間便騰多了出來。」

回家按着指示，開啟「磁碟清理」的方程式，眼巴巴看着那一格格小方塊墜落，那一行行的空隙被填滿，煞是可觀。大約半個小時，程式操作完畢，再次開關電腦電郵，果真通行無阻。那感覺就像一條久積污泥的馬路來了一次大清洗，好爽脆舒服。

其實，區區電腦尚且需要排污清理，人的心靈又何嘗不是！

滿心困擾的媽媽

講座中前排的她，一直專心地聽我的講解。每逢發問她總是舉手搶答，是這個年代難得的家長典範。然而，她那雙憂懼的眼神，隱隱藏着的是遠超乎好學勤問的層次。

講座結束，我循例問台下有沒有問題。沉寂一陣，她舉手了：「其實我聽了很多類似的講座，也學了不少技巧，問題是一回家，孩子一挑釁，便什麼技巧都忘得一乾二淨……」說着，她的臉部表情愈來愈繃緊，呼吸愈來愈急速：「有……有什麼心靈排毒的方法嗎？」

她的問題使我想起了啟動清理磁碟程式後那一格格墜落的小方塊，也想起了那一列列空隙被填補的快感。如果生命裏的許許多多怨恨癡纏，內疚困窘，甚或憤怒不平，都可以放進一格格的方塊內，一按鈕便墜落毀滅，那多好！

講座結束，她攔在我面前，說：「快告訴我有什麼方法吧！

我的情緒起伏很大……」我着她坐下來，聽她絮絮不休地道出那些波濤起伏的日子。她的話滔滔不絕，有時思想比口說的快，上句不接下句，像一場傾盆而下的豪雨。離開時，她懷着感激的眼眸握着我的手；其實我除了聆聽她的話，邀請她與我一同禱告外，話也沒搭上幾句。但對她來說，可能已是一種排解，因為她在目前的境況，連一個傾訴的對象也沒有。

苦毒的她

回到家裏，正準備開電腦趕稿，手提又響起了。這回卻是前陣子興高采烈向我報告覓得摯愛的S。我是為她高興的，這些年來，事業與愛情都是快馬加鞭在打轉。一段戀情剛剛開始，卻是一份工作的結束，一喜一憂，配合得天衣無縫。我曾跟她打趣的說，如果要中止這個沒完沒了的循環，一定要二者取其一，她會選哪一樣？她想也不想，便答：「我一定會選愛情。」

「新戀情進展得怎樣？」怎料，電話筒傳來一陣沉默。

「他……好似在疏遠我！」天生敏感的個性，令S在感情路上吃了許多苦頭。

「會否你太敏感多疑？」這是我一向的揣測。

「不。我可有真憑實據。」言之鑿鑿。

原來，男友剛出來創業，癡情的她免不了一日三電，送小吃獻殷勤更不在話下。豈料她愈想靠近幫忙，他愈退避三舍，典型的事業型遇上癡情派。朋友都勸 S 死了這條心，人家已在疏遠她了。

「但付出了那麼多感情，我不甘心！」這就是她，每一次戀愛都百分百投入。

只是，男人如果要變心，又不想一語道破，傷透你心的話，逃避是最保險的做法。

「起碼，他得對我表態啊！」那夜，我們談了很久問與不問的好壞：問了如果他說情沒變，她會信嗎？如果他答變了心，她又是否撐得起這個殘酷的答案……霎時間，我霍然明白，無論我怎樣勸阻，都搖動不了她的堅決。生命裏有一些苦毒，是要喝到最苦最澀之處，才甘心樂意吐出來的。這是另一種排毒的方法。

「那順着你內心最想問的問題，問個明白吧！」收線之前，我的態度已由阻止變為鼓勵。

幾天以後，S 再致電給我，聲調帶着雨過天青的爽朗。

「和好如初了嗎？」

「不，他説要一段冷靜時間，我便建議分手算了！」S 還説，過往的飽經滄桑，令她知道關心自己的朋友很多，不值得為一棵小樹放棄整個森林。與男友通過了分手的電話，她只問自己：上完這次戀愛課程，學到了什麼？

掛斷了她的電話，我返回前陣子做了一輪「排毒」的電腦旁。一按鈕，不消幾秒鐘，畫面就出現了。排過毒的電腦，跟排過毒的人心，都是一樣可恢復預設的敏鋭澄澈。

他們要戰勝的，不是外在的一貓一狗，

一食一物，而是暗藏心底的心魔。

想愛又不敢去愛

已經很久沒有在晚上外出吃飯，若不是他的邀請，我寧可躲在家裏，安安靜靜，寫寫稿。

「來吧！來吧！她很想見你呢！」我也是。多少年了，眼睜睜看着他倆離離合合。一個拚命說自己配不上人家，一個兜兜轉轉了多少年卻仍是雲英未嫁，在表白與不表白之間也繞了三四年。這一趟，又怎樣了？

「我們沒有什麼，只是吃一頓飯而已。」好吧，就當是一頓便飯好了！

抵達那所日式餐廳，她早在等候。瀉滿一肩的長髮，白晰的素臉、溫文的談吐依然。他在旁指揮點菜，安排妥貼，知道她愛吃什麼不吃什麼，儼然是一個稱職的戀人。那個晚上，我們談工作、談生活，也談理想，偏有一件事迴避的，就是二人的感情帳。

一席飯後，目睹俊朗高大的他伴着清秀可人的她遠去的背影，心裏暗歎：「好一對璧人，怎麼發展成這樣子？」忍不住搖了一個電話給他，問個究竟。

「這麼善良美麗的一個女孩，怎麼不抓緊機會？」作為多年的老友，我好像比他更着緊。

「我怕被人家拒絕，所以……」他喜歡她，但不敢告訴她，因為總覺得她身邊有無數的狂蜂浪蝶，他怕自己比了下去。他審慎，卻步不前，想愛而不敢愛，是因為深深受過情感的傷害。聽起來好像很合理，卻又很荒唐。

難道，曾被火燙傷的人就不再碰火，吃過魚生拉肚子的人就不再吃魚生，試過發生交通意外的駕駛者就不再駕車？的確，我見過一些類似的人辦。小時候被貓狗嚇過，長大後看到牠們便像碰到鬼怪般驚惶失措；又或者，吃過某類食物引起腸胃反應，以後便碰也不碰。他們要戰勝的，不是外在的一貓一狗，一食一物，而是暗藏心底的心魔。曾經歷失戀的人，又何嘗不是一樣？

失戀也會有所得着

失戀這詞兒，本身就錯解了一次無結果的戀愛。為什麼兩個人走在一塊，及後恍然大悟彼此性格不合而分開，就叫「失」戀呢？這種邏輯就跟定義「雙失」青年般，是一面倒的只提負面，不談正面。認識很多朋友，都是在愛情中學懂調校自己，是一步一步邁向成熟的「得」才對。一段戀情的終結，也可能是另一段戀情的開始。如果在期間能安靜下來反思自問，定必重新發現自己的不足與值得觀照反思之處。

有一個女孩，聽到男友一句話：「我們在事業發展階段，一定要努力工作」，便毅然與之揮慧劍砍情絲，幾年以後在街上重遇，始發覺昔日的他因工作繁忙，只想預告女友約會將減少，希望她有點心理準備，沒想到她卻誤視為情感冷凍的訊號。

現今事過境遷，大家也各有各的天地，她也明悟到：「如果那時我肯多問一兩句，彼此也許不用分開了。」但起碼她從自我反省中，懂多了點兩性溝通的竅門。

是否懂得去愛？

當然，也有很多人的戀情鬱結是直指對愛的執迷與誤解。一個女孩與人談戀愛後，始發覺自己是那麼缺乏安全感，常常覺得男友不着緊她，一個小時三四通電話，一找不到便要查根問柢，男友最終受不了她的佔有慾拂袖而去。也許，每次走到這個關口，我們都應仔細想想，為何而愛，是否懂得去愛（包括愛自己）？有否付出過愛，還是不斷的佔有攫取？是愛上那戀愛的感覺，還是那戀愛的對象？倘若因個性不合而分開，當中自己的執著又是什麼，可以放下改變嗎？

我把心底想說的，該說的，都一五一十告訴電話筒另一端的他了。

「說的也是。但我始終相信，是你的，一定跑不掉；求也沒有用。」這只是「事後孔明」的歪理。白白呆候機會臨至，這種守株待兔式的等待，是對愛情的輕藐；唯有主動積極，尋求愛如尋找寶物一樣的人，才是尊敬愛情的表表者。他，聽得懂我這番話嗎？

受傷了，
等候療癒

花一段時間好好閱讀那被埋葬的過去。

說一定，有一天便能撥開陰霾。

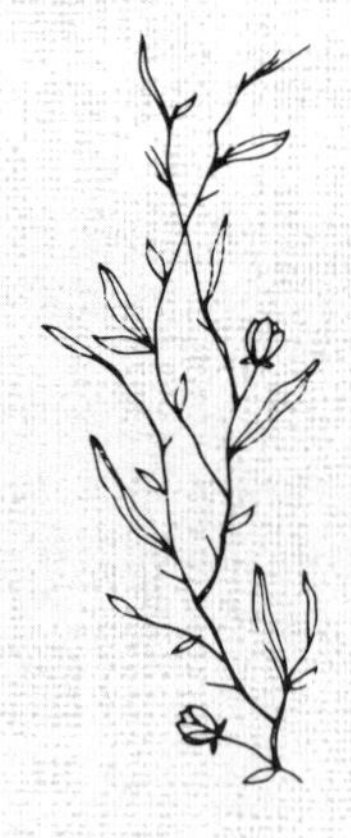

面對陰影

生命中一些不去處理與面對的事，到頭來，就成為阻撓我們成長的陰影。

有次觀看一齣有關家庭面對逆境的短片。母親患病，瀕臨失業，心情自然好不到哪裏，便覺得兩個兒子不懂事，處處與她作難。丈夫又一聲不響，什麼事都不管，使她備受壓力，感到獨力難撐。

經過輔導調解，她始發現自己看事情與溝通的方法，都深受成長家庭的影響。她小時候一旦多言，便被家人制止，所以到她當了母親，自然也用上這一套「只有我講沒你講」的方式與孩子溝通。經過提點改善後，她開始走出家庭的陰影，展開新的生活。

每一個人都有一段成長的故事，故事背後，都可能隱藏着揮抹不掉的陰霾。

怎樣知道？有學者建議，所謂陰影，就是那些不想提起，設法逃避，甚或「自己當了上帝」的事件。比方一個從小失去母愛的孩子，就想聽到別人提起他的媽媽，又或逃避一切與母親有關的人或場合。

不過最明顯的，是那種「自己扮演了上帝」的反應，就是人自封為審判官，將過去的恩怨自作定奪，説出來的話可能是「這分明是他的錯！」等，把一切恩怨情仇往對方身上推。

不錯，每個人都可能有過一段不消提的過去。所謂面對陰影，不是説要把那隻發黃發臭的「黃腫腳」攤出來給人看，而是找着適當的人，或捧讀一些有關成長的書籍，花一段時間好好閱讀那被埋葬的過去。説不定，有一天便能撥開陰霾，看見燦爛的陽光。

任何事情的終結，都在恩主手中。

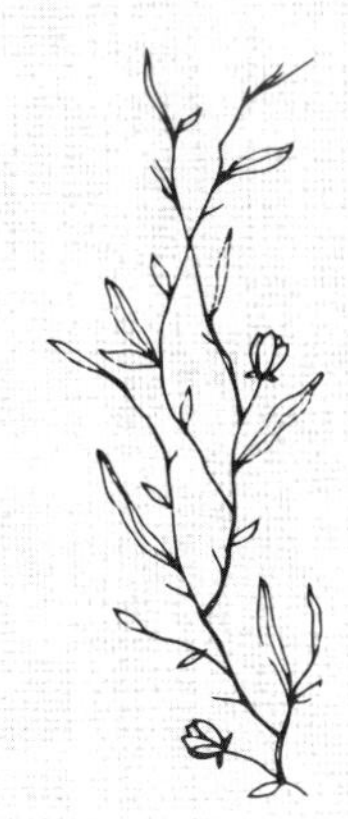

結束有時

任何事總得有個始，才有終；有聚，也有散；有合，亦有離。只不過，我們總愛將喜樂高興的情懷「拌和」着始、聚、合，卻把憂傷的愁緒推諉給終、散、離。

記得以前在家附近的商場，一次路過，赫然發現自己鍾情的家居用品商店居然結束營業。在星期天的下午，遊人如鯽的商場內，瞥見店內二三職員在收拾餘局，裝箱的裝箱，封膠條的封膠條，那位大概老闆的中年男子蹲在一角，愁眉深鎖地拿着他的手電與人聊天。那副姿勢，有點委曲求全，但我倒寧願那是蓄勢待發，休養生息的前奏。我依然記得那爿小店剛開張的時候，個個喜孜孜的樣子，如今，只是時移勢易，他日找到合適舖位，一定可以捲土再來。

不錯，我是寧採一種較寬宏的角度，去看離散結束這些人世間傷感的憾事。特別是那些突如其來的，未在預計的，甚或迫不

得已的……。

送別會內，含着淚唱歌的人帶着不捨，憑歌寄意，哼出對處境的迷茫與不知所措。旁邊的人悄悄在我耳邊説：「下趟我若離別，定要高歌讚美，感恩敬拜，因為明白上主一定有更美好的帶領與作為。」他説得對呀，如果仔細屈指一算，那些日子在主的恩手帥領下，總是祝福多於眼淚，他日要離開遠去，眼前的愧疚、不忿或遺憾，總會在時間的濾鏡下，看得更清楚、透徹；原來，上帝容許他生一場大病，是要他明白祂才是主，不是工作；原來，上帝讓她此刻辭退工作，是讓她可以好好照顧年邁體衰的老父；原來，上帝關了一切的門，是為要他看見另一道門是敞開的……

結束有時。任何事情的終結，都在恩主手中，一切有祂的允許，祂的安排，讓我們從容地撥開雲霧，看得清楚頭上的青天。我也是帶着這般心情，面對生命中每一個極大的轉變，收拾行裝，重新上路。

一個優質的聆聽者，不但聽到了那些表面的話，
也聽到了人心底的渴求渴望。

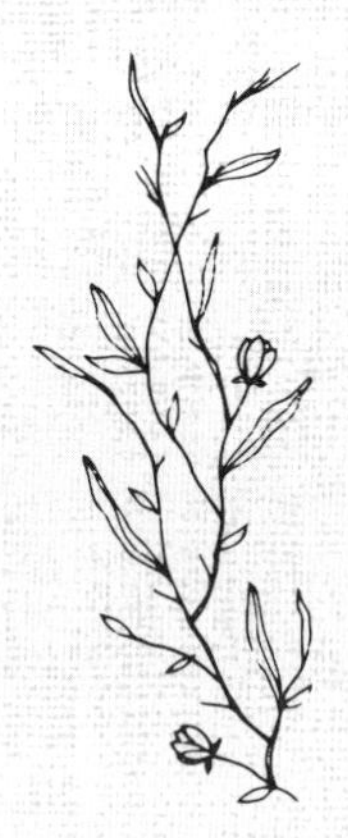

聆聽的本相

在工作中，常碰見一些夫妻。他們衝口而出的話就是：「一點都聽不懂我的意思！」又或者，「我以為自己講得很清楚，但他就是聽不明白！」

在講座上，常碰見一些父母。他們的口頭禪更是：「每天我都跟他說要努力用功，但他『講極都唔明』！」

我們常以為，一句話說出來，意思就表達了，其實不然。說話的內容（就是說出口的幾個字），只佔要傳遞的信息中的百分之七，其餘百分之三十八為聲調；百分之五十五為身體語言。聽其言觀其行，乃千古不變的道理。很多人是嘴裏不在乎，心中卻斤斤計較。現在話聽多了，也懂得察言觀色了。尤其是一些話，人家明明的說：「我不介意聽真話！」而且重複地講，請別信以為真。愈來愈發覺，那些常掛在嘴巴上說不在乎的人，其實最介意。

一個優質的聆聽者，是要心口合一，眼神專注；不但聽到了那些表面的話，也聽到了人心底的渴求渴望，更能挑通對方腦袋的思想，然後作出回應。在這個愛發言表達的社會裏，這種人更是萬中無一。

反而，一個糟糕的聆聽者，卻有種種顯而易見的行為。比方說，他會不住的打岔給意見，你要求把開會的議題延後，話還沒說完，他會說：「事情當然要愈快愈好，這種道理你還不明白！」高明點的，不想擺明車馬，就來一招分散注意力：「你們提的那些不是不重要，但當前急務是要搞好經濟。」

還有更高超者，就是對你的提議不住的肯定，不住的贊同，不住的說：「我會聽，我知道。放心吧！這個難關很快便過去的！」說到底，光說一句：「我願意聽」，是不足以證明講者是一個願意聆聽的人啊！

隨着日子遠去，你就會發覺，
事情真的沒有想像中嚴重。

不如意的時候

有一次，跟從紐約回港的弟弟一家上山頂遊玩，盡興而歸，到停車場拿車的時候，管理員告訴我們：「你的車子被撞了。」原來是那些星期日車主，駕駛技術不佳闖的禍。

說來，這只是人生一樁不如意事而已。不過，俗語謂「人生不如意事十常八九」，倒是很真實的。像我們這些窩在石屎森林生活的人，每天上班工作，遇見這麼多的人和事，難免有不順心的日子，導致人變得情緒起伏，煩躁不安。

遭逢這些逆難的時候，通常有兩種方向處理：一是設法把時間表填塞得滿滿的，讓自己忙碌一番，藉以忘記纏身的苦惱；一是設法宣洩掉這些不安的情緒。通常，第一種方向只用上一兩天便不奏效。無他，試過的人便知道，忙碌只會帶給我們更多的失誤與煩惱，是於「情緒」無補的。

那第二種呢，就要看怎樣宣洩了。

這時，負面的情緒很容易操控我們，驅使我們把憋住的悶氣發洩在不適當的人身上。較理想的做法，就是選擇做一些對身心（或家居）「有建設性」的事情。比方説，整理一下亂草叢生的盆栽，把辦公室的公文積案處理一番。

碰上這些日子，我最愛做的事便是整理書架，把書籍重新分類排列，往往能在其中重尋一些可以解惑的「良師」。然後，再用一段特定的時間，專注為心中的憂慮困擾定一些步驟方案，循序漸進謀求解決。

隨着日子遠去，你就會發覺，事情真的沒有想像中嚴重，人也鬆馳了。是嗎？

時間就是一個最好的漏斗，把該記得的留下，
該忘記的，統統沖洗掉。

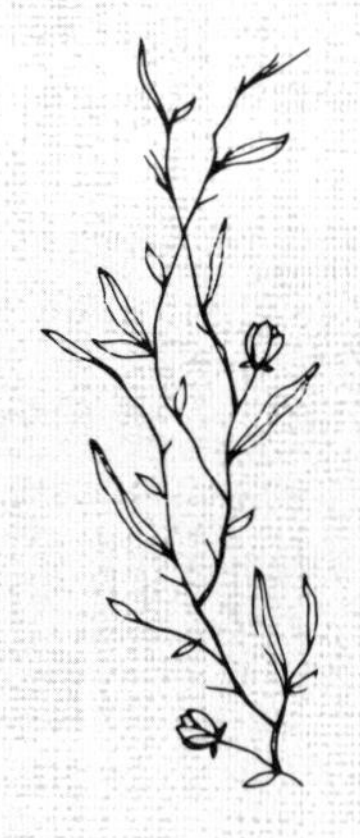

快樂地失憶

每個人從出生開始，已是逐漸步入失憶的過程。問題只是過程的快與慢。

寒窗苦讀的時候，記憶最好，什麼拗口的年份人名，甚至數學程式，都可以背得滾瓜爛熟。長大了，腦袋的記憶容量逐漸減退。年事漸高，近期發生的人與事便開始模糊。剛説過的話，今天早餐吃了什麼，可以一時記不起來。這一陣子，最怕人家問我：「你記得我嗎？」是，好像很臉熟，但實在記不起在哪兒見過，對方姓甚名誰。反而一些發生在老遠的事情，童年往事之類，卻記得一清二楚。

認識一位患了老人癡呆症的老人家，記憶一天比一天衰退，連自己的孩子或老伴都認不出來。只是，日子卻過得挺快樂，因為失憶，什麼都記不起來，沒有往事比較，沒有埋怨，飯照吃，覺照睡。有人説：「如果有一種失憶，可以把過去不開心的事情，一件一件遺忘，多好！」

有位到過中國傳教的英國女士就是這樣，到晚年日子，往事忘得一乾二淨，只記得一兩首在中國學過的兒童詩歌，每趟見面，她就會哼起動聽的《耶穌愛我》的調子，彷彿在歡迎我這個中國女子的到訪。

現代人因為怕失去記憶，怕把重要的事情遺忘，於是想盡辦法要把記憶留住，那根本是跟人生的節奏在唱反調。

始終相信，永難磨滅與忘記的，不是什麼在腦袋中的思考觀點，而是曾經「刻骨銘心」的。在其中，時間就是一個最好的漏斗，把該記得的留下，該忘記的，統統沖洗掉。

若能衝破桎梏坦然面對，
不用在任何人面前假裝的話，
生命就不用再那麼多躲藏裝扮了。

傷口，要坦然面對

到大學客串一堂課，給我的題目是「自我成長」。掙扎了一段時間，該說些什麼，跟大學生侃侃而談別人的成長故事，恐怕只是摸着皮毛；說自己的呢，他們愛聽嗎？最後，我選擇了後者。

進入課堂，便滔滔不絕說起來。跟他們談到，每個人都有一個家，家庭都帶給我們一段「悲喜交集」的過去，當中，有歡喜的鼓勵，有傷痕的烙印，但只要心中有信念，總可以一關一關磨過去。

完了課，有好幾個學生圍上來。

一個女孩子說：「你的故事很觸動我的心，跟我的成長故事很相似。」

另有一個女孩子問：「你剛才為什麼坦白的把自己的過去揭露出來，難道不怕嗎？」

「是啊，所謂最個人的，可能就是最大眾的（most personal is most universal）。」正因為不再逃避，敢於面對，人才可以從過往的陰霾中走出來啊！

台灣精神科醫師許添盛在他的著作《許醫師抗憂鬱處方》中也建議，自我揭露就是明白了「人與人之間的真誠、坦白比面子更重要。」

一般人的觀念，總是覺得自己有「鮮為人知」的過去，說出來別人會不接納；若能衝破桎梏坦然面對，不用在任何人面前假裝的話，生命就不用再那麼多躲藏裝扮了。當一個人能坦然冷靜地回顧生命中不同的傷口時，這不但表示那些傷痛已經痊癒，也表示人能把自己的現在與過去整合起來，連成一道緊湊的生命線。

她們似懂非懂點了下頭，離開了。深盼她們能踏出這「自揭」的第一步，跟着便可以大步大步從過去走出來吧！

説過也好，沒説過也好，
就讓我們放手，讓它過去。

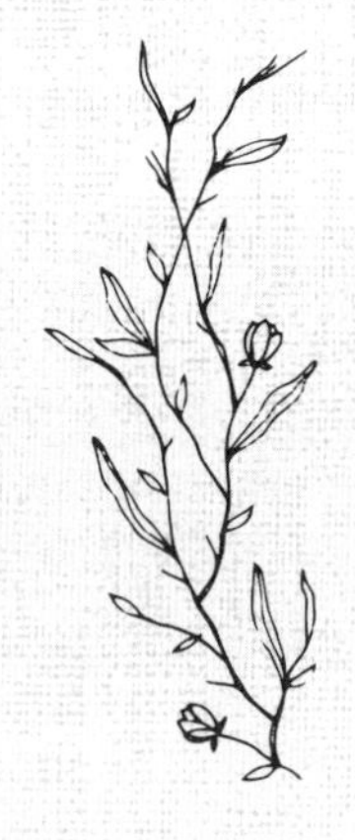

舊痛何須記

有一段日子，翻開報章，又是那些標題。昨天女的開腔說話，細數男的不是；今天，輪到男的還擊了。這條數，可是愈數愈爛呢！

過去的讓它過去吧，人人都會說，但有誰能實踐？

那天，她告訴我，七年前被他傷害了，因我認識他，請我傳一句話。心想，你們還聯絡嗎？傳什麼話呢？

「我想跟他聊聊，七年前他是否講過這些這些話。如果沒有，我就是怪錯他了！」那如果真的有說呢？她是否有必要惱恨下去，讓怨恨侵吞自己的心靈！

我沒有答應，只跟她說，七年前的對話，只有受傷的那方才記得一清一楚。說過也好，沒說過也好，就讓我們放手，讓它過去，可以嗎？

「這……這……我只要一個説法！」問題不是説法，她心裏等呀等，是一個她渴望的答案。倘若不是，她的心會否再被插一刀呢！

不能饒恕是一種對自我最大的虐待。因為在向別人伸訴的當下，潛意識中把自己的仇怨放大，就像在傷口上重複灑鹽，以為惹得他人同情之時，無形中也加重了自己的傷勢。

何況傷害自己的人也有好幾種：一是天生性格刺殺型，他未必有心，但出口就是飛刀；一是根本無心也不知，你期望是甲反應他給你乙，加上「時不與我」，窮途末路，他就成了「代罪豺狼」；或者真的説過，只是人在老羞成怒時，誰也會披上狂妄毒恨對峙。

記着舊痛，只會令人心靈的皮膚更敏感，更容易受傷！

重尋
連結的勇氣

能將逆境的苦澀驅走的，便是愛。

我們需要祝福

有次應邀到一所女子中學演講，禁不住問在座的女同學，「有誰覺得香港的明天會更好？」幾百人中，隱隱見到一隻悄悄舉起的手，又縮了回去。於是把問題一轉：「那相信會更壞的呢？」結果，大部分的手都舉起來。

負面的新聞帶來負面的情緒，負面的情緒孕育出負面的看法，負面的看法勾畫了一個看不見的未來。

從事瀕死輔導工作三十多年的生死學大師伊莉莎伯·庫伯勒·羅斯（Elisabeth Kübler-Ross）曾分析，人面對絕境時會產生五種自然的情緒：恐懼感、悲痛感、憤怒、嫉妒與愛。套用於頻感無助沮喪的香港人身上，也是挺適當的。

庫伯勒·羅斯説得對，人生中百分之九十的決定，都消耗在恐懼中。很多事是我們本不打算做的，但因為害怕被革職，害怕被孤立，害怕被標籤而不由自主做了，其實無形中將恐懼傳播，蔓延給周遭的人。

悲痛算是較自然的，是人面對所珍愛的猝然消逝的真情流露。失去心愛的工作，失去至愛的人，都會叫人發出驚天震地的嚎哭。

憤怒則有點難以收拾了，因為我們通常選擇在「不適當」的時候表達。譬如，在公司被老闆苛待受了氣，卻在公路上與隔鄰的汽車互不相讓時「出氣」。

本來，誰激怒了我，便應向誰表達；然怯於形勢的強弱懸殊，便會找一個更無權無勢的出氣。

嫉妒往好的方面想，可推動人的鬥志。既然你今天活得比我好，明天我一定要活得比你精彩。

但最難能可貴的，是當人在愈幽暗的盡頭，卻盡見人性的美善。報載六女之母因經濟困難而販毒，獲法官輕判之餘，更接獲各界捐贈的援助，助這六位赤貧學子度過難關。

能將逆境的苦澀驅走的，便是愛。還有的，便是祝福。

昔日九一一事件後，God bless America 之音縈繞不絕。今日恐怖分子在世界各地肆意攻擊的新聞不絕，但見到不少國家在被突襲後，卻盡見人與人之間的互助與連結。

誠如奧巴馬（Barack Obama）的妻子米歇爾（Michelle Obama）在臨別演説所言：「你面對與克服的逆境正正是你最大的得益（your experience facing and overcoming adversity is actually one of your biggest advantages.）。」這是我們面對逆境的最好提醒。

這個時代的人最需要的是什麼呢？不是咒詛、謾罵，而是祝福，且是大大的祝福。

逆境風橫掃過來的時候，

又或求勝的慾念催迫的時候，

心靈的燈，便會忽明忽暗，若熄若滅。

心燈

每個人的心裏，都有一盞燈。

心燈若明亮，所照到的世界，便是燦爛、光明、美麗。就像多年前拜訪「可愛忠實之家」，看到一拐一拐的阿姍，綻放着迷人的笑靨，縱使天雖幽暗，眼前人或殘障，卻泯滅不了她眼眸中傳攝而來的美善與盼望。

心燈若幽暗，觀照出來的世界，便是平淡、暗黑、醜陋。最接近的光境，恐怕是〈哥林多前書〉第十三章的「反面」:「短暫的相愛，暴躁的脾性，小器嫉妒，張狂無恥，只求自己的益處，動輒發怒，計算人的惡；只喜歡不義，不喜歡真理；凡事計較，凡事懷疑，凡事失望，凡事無理取鬧。」常覺得，這就是心燈將滅的徵兆。

心燈不會説滅便滅的。通常，是逆境風橫掃過來的時候，又或求勝的慾念催迫的時候，心靈的燈，便會忽明忽暗，若熄若滅。

看過一套電視片集，談及心魔。描述一位原本單純的小男孩，一天參加射箭比賽，求勝心切，但在練習時卻屢試屢敗。心中的惡魔便出來攪擾他，叫他只要集中心思，把對手當成自己最憎惡的敵人，便能得着致勝的力量。結果，在初賽時他憑着嫉對手如仇的決心，把對方遠遠拋離。但事後，他卻感到內心的燈像熄了般，沮喪萬分。此時，心中善良的天使便跑了出來，勸誡他別讓恨意磨心，即便贏了也不會歡容，甚至會迷失自我。

最後，孩子順從了心裏良善的聲音，放下仇恨的弓，以自己的實力與對手較量。結果當然輸了，卻撿回了幾乎失落的純良與心安。

這個故事教訓我們，無論得時或失時，都得好好護着咱們心中的這盞明燈。

沒有人能完全明白你的苦況，
但同樣沒有人是一點兒也不了解的。

推開那道門吧

一個剛從生命陰霾裏走出來的人説：「以前，把自己關在一個黑漆漆的房子內，生活滿佈幽暗，現在才知道房子的門是打開的，根本從未鎖上過……」

看見走了出來的他，容光煥發，喜悦是從心底發出來的。

「你不會明白我們所處的世界！」許多被憂鬱困擾的人，都愛這樣説。連撰寫過多本心靈關顧書籍的盧雲神父（Henri Nouwen）也曾墮進深淵：「那是一段極度痛苦的時間，根本找不到什麼可以把持的，我的世界包括自尊、生活的動力、被愛的感覺……統統崩潰了！」

是的，沒有人能完全明白你的苦況，但同樣沒有人是一點兒也不了解的。遇到苦況縱然難堪，但總有過來人知道怎樣面對。像剛喪夫的 K，昨天就喜孜孜的告訴我，找到另一個受難的沙士家屬，在安慰別人的同時，自己也得着安慰。「沒想到她跟我一

樣，獨自一人想起逝去的另一半，淚就禁不住流下……」兩個女人在擁抱中撫慰着彼此的傷痛。

憂鬱的人之所以能從陰霾中走出來，往往是身邊人，特別是家人摯友的不離不棄。千萬別強迫他按我們的節奏生活，他需要的是聆聽接納，主動的陪伴。更重要的是邀請他們從那黑暗的房間走出來，看看天上和煦的太陽，聽聽悠揚的天籟，和一隻足以推開那道門的巧手。

真正的知交是要經得起歲月考驗的。

友誼是一朵玫瑰

家母在生的時候，是一個在股票市場拚搏的能手，又是個交遊廣闊的人。只是，她的辦公案頭，卻放着一個長條形的紙鎮，上寫着：「友誼是一朵有刺的玫瑰」。

青少年時期，讀到這樣的一句話，頗有點不以為然：「做朋友一定要推心置腹，如果說友誼有刺的話，就是不要碰它囉！」

「不，這其實是君子之交淡如水的道理。」每一回聽到我的強辯，老媽都耐着性子向我解說。知女莫若母，她大概明白我事事百分百投入的本性，所以早有先見之明，希望我能在友情的路上少些摔跤，少受一點傷害。

如今跌跌撞撞，瘀過傷過，終於明白這個道理。玫瑰花者，遠觀是美麗的，近看也不錯，但若摘下放在手上的話，就要小心被刺傷了。友誼還不是一樣，好朋友那用日見夜又通電話，平日各有各的忙碌，偶爾聚首才是千載難逢，也是友情的可貴。若太緊密接觸成了習慣，什麼事也要第一個通知稟報，本來的自由反成了負累。又或者在權力金錢閒話是非的「乳養」下，便長出了一根苦毒的「刺」來。

母親在生命中實踐了這個道理。當時的她朋友滿天下，但卻堅持知交幾人，她說：「路遙知馬力，日久見人心。」真正的知交是要經得起歲月考驗的。

現在聽來，亡母的一番教誨，更如暮鼓晨鐘，使我畢生受用。

只是你愈「用心」去愛，
自然愈有「吸引力」。

推力與吸力

經過外遇一劫，要挽回一段失去的感情，千萬不要用「蠻力」—— 就是一方發現自己被愛人無情離棄，怒上心頭，一把將對方踢出門外的那股狠勁。

「真恨不得把他逐出家門，這輩子也不要見到他！」不過未幾，她又會説：「不行，我這樣做不是白白把他送到第三者身邊嗎？」

她知道就好，也懂從烈怒中回轉。

總覺得，在這條婚姻的窄巷裏，出現的是一場力的爭戰：推力與拉力之爭。要對方回頭，最簡單直接的做法，就是減少「推力」，增加「吸力」。

所謂「推力」，就是受傷一方受創後的情緒反應。如她可能傷心痛哭，到處找人傾訴，這些都是有益有需要的。但那些極端

失控的行為，如不停苛責大罵，惡言威脅，凌辱恥笑，甚至以自殺作籌碼等，只會把那雙想回家的腳愈推愈遠。

記着，如果你的目標是幫助那個他趕快回家，大聲嚎叫與蠻不講理，只會將他推返第三者身旁。

至於增加「吸力」，則是個更艱巨的挑戰。聽過一句話，大意是：「你從哪兒跌倒，就從哪兒站起來。」婚姻的破碎何嘗不是這樣？不能全歸咎於第三者，兩人之間必定存在一些關係中的「破口」，讓誘惑可以乘虛而入。若事緣一方未能滿足另一方感情的需要，是出於彼此溝通的問題，那就從如何聆聽與表達開始；如是沒有兩個人一起的時間，就要儘量騰些時間讓兩人相處，重建親密。

記着，這是一場力的搏鬥。只是你愈「用心」去愛，自然愈有「吸引力」。

說出來總比壓抑在心底暢快多了，

也給別人一個助人的機會。

說出來

男：「你到底想要些什麼嘛？」

女的不語。

男：「你不說出來，我又不是你肚子裏的蛔蟲，怎能猜透你的心？」

女的大發嬌嗲說：「告訴你，買了回來的東西又有何驚喜呢？」

表面上這對男女是在打情罵俏。但若這樣的對話維持一個小時以上，很可能就會變成一場吵架了。

這就是人性。明明自己想要的，想得到的，偏不說出來。女朋友想男朋友去猜，下屬想老闆「識做」，人病的時候總想別人打電話來噓寒問暖。每個人都希望在未講出自己的需要前，別人已伸出援手，那就最理想了。

我們不是常告訴別人，「有什麼事情需要幫忙的，記得找我。」但到自己有需要，想找別人幫忙時，卻總覺得難以啟齒，是嗎？原因很簡單，一來怕別人拒絕；二來覺得要「勞煩」別人，總是「不好意思」，特別是那些「幫慣了別人」的人。

難怪有人說施比受容易，像是一個「有的」給一個「需要的」；受比施為難，因為這牽涉到人外表最脆弱的「面子」問題。明白了，就知道為什麼有一些家庭就算多貧困，也不願意申請綜援了。

只是說出來也有說出來的好處，起碼，不用對方瞎猜亂想，讓別人對自己又多了一層了解。其次，說出來總比壓抑在心底暢快多了，也給別人一個助人的機會，對方也必定可從中得到那種滿足快樂。

當然，說了出來，就要有心理準備對方會說「不」。那又如何？總比一直憋在心裏、不斷埋怨誰能明白我好吧！

通常在第一聲的拒絕後，我會等等，

給對方一點回心轉意的餘地。

被拒絕，請等等

網絡上流傳一則笑話：一男人為了明天要參加一重要的宴會，特地買了一條長褲。回家穿過後，發覺長度多了十厘米。於是請媽媽幫他改短，媽媽推說累了。他轉求太太，太太說有太多事情要辦，沒空。他便轉求女兒，女兒說不行，晚上約了朋友外出。男人想，不如穿回舊褲去算了！

結果那天晚上，老媽良心發現，立刻幫孝順兒子把褲子改短了十厘米。太太忙完家事，發覺有時間替丈夫改褲子，又剪短了十厘米。女兒晚上回家，覺得不該逆老爸的意，又把褲子剪短了十厘米。

第二天早上，男人拿起新褲子一看，發覺長褲已經變成吊腳褲了。三個女人也坦白告訴他，大家都是事後醒覺，改變初衷，結果齊齊把男人的褲子改短了。男人聽罷不但沒有生氣，還大讚家中三個女人很體貼。

這笑話最有趣的教訓是，很多人都以為重點是那個男人的器量；我卻覺得，是學習接受那種「先拒後做」的溝通方式。

通常我們叫熟人辦些事，遇上他們不耐煩時，會不客氣跟你説：「沒有時間。」奇怪的是，當那道忙碌的火團稍滅，心情平靜下來，他們又會記起你的請求，就像故事中的女人一樣，把事情照着辦了。但那時的你，可能已找人代勞。陰差陽錯，就是那麼幾分鐘的事。

如今學精了，真的請人幫忙的話，通常在第一聲的拒絕後，我會等等，給對方一點回心轉意的餘地。很多時候，這樣等一等，就會將 no 變出個 yes 來呢！

白眼是測試一個人內心動機的明證。

無視白眼

如果眼神是一把鋭利的劍的話，最有殺傷力的便是「白眼」。

誰會看到白眼？當然不是那些當時得令的人，像有次看電視節目主持問炙手可熱的女歌星，有否受過別人的白眼？她想了想，回答：「哪有人當着你的面給你白眼？」主持人立刻識相地説：「她自出道以來都一直平穩上揚，哪會嘗過別人的白眼？」説的也是，只有跌過傷過的人才會嘗過白眼的滋味。

翻白眼的人最擅長的技倆是變臉。在雞尾酒會中，本來你跟他談得熱熾熾的，不過一收到名片，看到你所列的銜頭跟他的差了幾截，他的笑容開始收斂起來。偏偏這個時候，路人甲經過，指着你跟他，説：「看你倆談得這麼投契，原來你們是認識的？」「不，不，一點也不熟！」把頭搖得幾乎甩掉。

白眼也是測試一個人內心動機的明證。怎麼説呢？通常翻白眼的人都不是有預謀的，即是説他不會先籌謀見到誰該俯拜，誰該送白眼，但往往在漫不經意中，赤裸地暴露了個人的為人用心。所以測試一個人無端獻殷勤是否居心叵測，不妨携同一位「小薯仔」相隨，人家奉迎你的時候，留意他怎樣對待你身邊的人，便知一二。見過一個場面，一位普通人向白眼者介紹自己的摯友，那人卻把臉一轉，敷衍說了句「哈囉」便絕塵而去。不過，最討人厭的白眼，是那些你得意時阿諛奉承，失意時瞄你一兩下白眼便加快腳步離開的人。

怎樣對付他們？敬而遠之以外，戴一副「黑超」扮「無眼睇」也不錯！

歲月琢磨下來，也練就了彈性。

女性良品

接連收到兩個電話，都是要求更改或取消會議。連聲「好，好，沒問題」，再把電話掛斷。打開記事簿，始察覺不少日期的空格上，多了些塗了又改，改了又塗的印記。

心裏暗道：怎麼這樣多的改動，一點情緒也沒有。

是轉了性了？習慣了生活中充滿不確定，還是，源於女性的良品——彈性。我覺得是後者。

男人常覺得女性有多重選擇，可以在家，可以出外工作，可以兼職帶孩子。我卻認為，這是女人的彈性使然，能屈能伸，可進可退。

特別是懷過孩子的女性，更明白精心策劃是一回事，事與願違又是另一回事。明明調校好每隔四個小時才吃一次奶，孩子卻偏不依「計」而吃，也拿他沒辦法。明明想安靜看看書寫寫文

章，孩子需要你時會跑進來問東問西，一面吸引你的注意，也在分散你的專注。歲月琢磨下來，也練就了彈性。

本來興致勃勃往外地旅遊，卻生了場大病；本來計劃再生孩子，卻遇上親人過身。世上，不按理出的牌太多了：電腦當機了，開車遇上「堵車」，該開的會沒開，都是會發生的。面對生命中的大動盪，小事的左修右改，只是一些小調節而已。

當然，女人的彈性，看在男人眼裏，就是三心兩意，猶豫不決。這方面咱們姊妹也要留神，因為男性的世界不能一心多用，更怕七嘴八舌。若要跟男人溝通，咱們的彈性就要用得其所，特別是大事大決定，就要說了就算，不能一時一樣，否則一時說回家工作，一時又說要當職業女性，這會把男人逼瘋的。明白嗎？

女人的彈性，便如一根可收可扯的橡皮筋，伸縮有致。想到這裏，我便會想起這樣一幅畫面：幾個女孩在跳「橡筋繩」，她們的腳一邊彈，一邊跳，在旁的女孩念念有詞在背口訣。她們的跳法起落有序，彈跳有時，並且有伴打氣。這豈不正是女性以「彈性」面對人生無常時的最佳寫照嗎？

感激的話，可以筆抒、可以圖描；
沒有人會嫌多。

感激大結算

台下幾百對焦灼的眼睛，正瞪着這位著名鋼琴家對這個問題的回應：「得獎的那刻，最想感謝的人是誰？」

他從容不迫地回答：「想感謝的人很多，像爸爸媽媽、老師、校長、主任……還有許許多多支持我的朋友。」末後還加重語氣地說：「沒有他們的支持，我沒有今天。」

我在旁默默地看着這鋼琴家一張俊俏的臉，心裏暗道：難得，難得。當外界歌頌他的天賦與努力之餘，我卻隱隱窺見這年輕小子蘊藏着一顆感激的心。

感激，就是沒把一切視為理所當然，覺得發生在身邊的許多人與事，都是恩典，都是別人對自己的好。然這種美德卻隨着城中的戾氣文化已逐漸失落。

當我們視餐廳酒樓的侍應斟茶遞水為例行公事而漠然以對時，請別怪他們冷面無情；

當我們倚權杖勢「吩咐」同事為我們奔波代勞而只吭句「多謝」時，請別怪他們苦喪着臉為你影印當跑腿；

當我們長大了仍倚靠年邁父母為我們湊兒帶孫而只付點「生活費」時，請別怪他們有時會一聲不響便「請假」小休。

感激不是禮儀，也不是派發「謝意」，而是從心底感謝別人對自己的體貼、支持。感激的話，可以筆抒、可以圖描；沒有人會嫌多，但卻很少是自覺自發而說。

總是有人問及，又或等到最後一刻 —— 生離死別之際，才會將埋藏心底的那句感謝的話，一字一句的吐出來。

為什麼不可以說早一點，說多一點，就趁着現在，來次感激大結算吧！

談得上饒恕的，必須是付出深情的雙方。

學懂饒恕

人與人之間最難學的功課，就是饒恕。這難，不是難在啟齒，而是心開。

朋友說，年輕的時候，冒犯了一位長輩。有一天，有事要向長輩相求，迫不得已走到長輩面前，輕輕說了句「對不起」，長輩一句「區區小事，何必記在心上」，弄得他有種「自作孽」的感覺。類似這種「時勢」所迫的動作，只是廉價的饒恕。

真正昂貴的饒恕，若不是出於血緣，也要出於深交。否則，只是泛泛之輩，大家頂撞幾句，是談不上饒恕。談得上饒恕的，必須是付出深情的雙方，也許因着一些言語的衝突，久未聯絡的疏遠，導致猜疑嫉妒乘虛而入。

直至有這麼一天，一方知道自己錯了，另一方照照自省的鏡子，看到自己也好不到哪裏。再審視過去的冤仇委屈，發現也不過是以訛傳訛，芝麻小事化大而已。

心，仍惦記掛念；情，仍悠悠長在。

直到有天在街角相遇，眼神彼此碰觸，始發覺，怨飛恨滅，握手間傳遞着一份濃濃的珍惜。心開了，看到的眼前人也不一樣了，那些可愛可親可近的回憶又洶湧而至。

難怪有人把饒恕化成一句簡單的話，就是「再給一次機會」。不單是給對方，解釋一下種種誤會背後的癥結，也是給自己，免得自己長埋冤屈的深坑。

學懂饒恕的人，他的心胸會愈來愈開放，快樂的日子也一天比一天多。仍在學習饒恕的人，只是等待那個握手言好的機會。至於那些對饒恕愛理不理的人，臉孔肯定一天比一天苦，心也一天比一天澀……

沒有被拒絕的失望，
就沒有被接納的歡欣。

用心守候

星期六早上出門，總會遇上那些賣旗的學生。心情好的時候，從銀包掏出一兩個硬幣等他們過來；心情不好的日子，便裝作視而不見。自長大以後，這種被拒絕的感覺，帶給別人的多，自己「領教」的少。

直至有一天的假期，有機會在維園派發一些宣傳單張，才知道被拒絕的滋味有多難堪。明明朝着咱們的方向走過來，那個笑臉迎人的太太，竟一邊搖頭，一邊拖着孩子往相反方向走；有的是看了你一眼，然後不屑的說：「不要，不要！」

尤有甚者，是把手上的單張看了一眼，說：「搞那麼多事幹什麼？」然後一手扔掉，還邊走邊喋喋不休地罵。我把地上的單張再撿起來，左看右看，只不過是邀請他參加一個新春嘉年華罷了，用不着這麼大的火氣吧？

「他可能心裏有很多不如意的事，找個發洩途徑罷了！」旁邊幫忙的朋友如此說。

想想也是。

當然，也有些搞笑版本，就是碰上一些在講座中見過的家長，看到我站在人頭湧湧的地方叫喊，不禁憐惜地說：「日子真艱難啊！連假期也要開工！」我正百辭莫辯之際，她已欣然拿走我手上的一疊單張。

無論如何，這是個難得的經驗。坦白說，被別人拒絕的滋味並不好受。但卻更懂得珍惜那些在路過時，肯停下來聽你解說的途人，事實與經驗不斷告訴我，沒有被拒絕的失望，就沒有被接納的歡欣。

每一次的被拒絕，只是等待的一個逗號，用心守候下去，就會見到那雙接納的手啊！

一個面對艱難的人，最需要的不單是休息獨處，

而是同行與陪伴。

易想難說的話

安慰的話，心裏想得容易，說出來卻難。難在，不知對方領不領情；難在，人天生是不大願意接受別人安慰幫助的。

所以身邊人縱或出現危難，我們往往認為，可以做的，就是遠遠送上祝福、禱告。其實，一個陷在困境的人，最需要的是什麼呢？

已故的歌手梅艷芳公佈患病消息時，就是在一字排開的友好陪伴下公佈的，接着每天也看到探病慰問的友人絡繹不絕，就是最好的答案。有人會問，病人不是該好好休息嗎？這麼多人會否妨礙她休養？

一個面對艱難的人，最需要的不單是休息獨處，而是同行與陪伴。有次在錄音室，訪問了由藝人轉職做院牧探訪工作的黎美嫻，談及她喪母的經歷。她坦言當時收到的一張卡、一個口訊，都帶給她極大的安慰。更難得的是，有朋友自動請纓到她家煮了一頓熱騰騰的飯，讓她一家在失去摯親的冰冷哀傷中，嘗到人間的友情溫暖。

面對身邊人的這些處境，我們常以為：心裏掛念就可以，何必付諸行動。這只是一種吝嗇的愛，正如沒有付出的關懷怎算是關懷。要做的事很簡單，即使那只是一通「你好嗎」的電話，一張「祝福你」的卡片，或是 WhatsApp 短訊，都可以是一點點的燭光，為陷於絕境的人帶來安慰。如果可以的話，上她的家來一個探訪，握緊她的手，陪着她同哭同悲；安慰，已在無言的緊握中傳遞了。

一位筆友曾對我說：「最好的安慰說話，就是一顆真誠的心說出來的話。」

出自真心的安慰，是沒有人會拒絕的。

透心的安慰，
是源自心應心同感與共鳴。

安慰，有時很簡單

碰上需要安慰的人的時候，始覺可以說的言語寡少。

「節哀順變啊！」

「我會為你禱告的！」

「別流淚啊！」

三言兩語，擲向無底的哀痛深淵，無聲無息，那還不是最糟糕的！

最刺人的安慰，早有舊約《聖經》約伯的三友為鑑，就是權充上帝或審判官的角色，嘗試抽絲剝繭為你生命中難以承受的苦難尋因究果。比方說，因你太愛摯親所以上帝特意把他奪去以作磨練。這些理由都可能對，但對一個深陷哀痛的人，也未免太狠辣無情！

哀莫大於摯愛的猝亡。那種焚心的赤痛好比心靈的琴突斷了弦，再奏不出動人肺腑的樂章。心裏，驟時多了個懸空的缺口。

多年前喪母時嘗過這種錐心刺骨的愴痛，不想見人，不想吃飯，不想睡覺。哭至無淚的乾澀中，始學會告別與接納，向一切憶起母親的一夢一事一物，揮手說再見。漸漸，才能從俯地痛哭的憂傷中，挺身站立起來。朋友安慰的話，記得的也是寥寥，反而是非關言語的事物，如那個心型花籃，一趟含淚的擁抱更能安撫我心。

愈來愈明白，當我亟亟想說些安慰討好的話時，便愈難造就安慰人；因為，我把安慰的擔子揹得太沉重了。透心的安慰，是源自心應心同感與共鳴，不在乎高言大智，不在乎言語多寡。

所以，那天Y告訴我她猝然喪父的消息，我只告訴她：「買本記事簿；記下所有對生父的思念吧！」她對之問：「有用嗎？」我說：「許多年前家母離世時我試過了，很有效！」安慰，有時只是這麼簡單！

真正持久的快樂是你在付出中得着。

快樂，是會感染的

別以為快樂不快樂，是很個人的事，其實是會傳染的。

有天從旺角坐計程車回家，不過十分鐘的車程。一路上，聽到司機先生不斷在嘀咕：「從昨夜開工到現在，賺不夠七百塊，日子怎過……」

十分鐘的車程，聽他噴了一車廂的怨氣。日子艱難，誰也明白！但哭喪着臉去過，豈不更苦上加苦！

下車前，多給了他一些小費，還想多說一句祝福的話。他已「砰」一聲關上車門，絕塵而去。

不快樂病菌

坦白說，司機的舉動，令我納悶不安。心想，他若遇上另一位乘客，又再是短程，豈非令他更火上加油？看着那輛停在不遠

處的車子，只有默默祝福他，可以載到一位長途客。

我們常以為，自己不快樂，只會牽連家裏最親密的幾個人。其實不然。像這位計程車司機，又或家門前的看更、巴士司機、與我爭位的地鐵乘客等等，都極有可能成為不快樂病菌的感染者（或傳播者）。

快樂不快樂，到底是怎樣的一回事？

許多人都認為（包括那計程車司機），想要的若得到手，甚至得到更多，便可驅除內心的怨氣痛苦。

「我要拿到雙糧才快樂。」

「我要一晚開工賺到二千塊才快樂。」

「我要找到一份薪金優厚的工作才快樂。」

這些都是「以為」快樂，「現在」卻因得不到而先不快樂起來。而且，賺得全世界便快樂也只是錯覺。像傳媒報道得熱烘烘的她，要事業有事業，要愛情有愛情，要高薪厚職便有優差兼上司厚愛，像一盤穩操勝券的棋局，卻一下子滿盤落索。惋惜之餘，記起電影《風雲》中出現過類似的對白：「凡事太盡，其緣也盡。」要風得風、要雨得雨的日子，可能是風雲驟變的先兆。

快樂與快落

以撰寫《男女大不同》(*Men are from Mars, Women are from Venus*) 的暢銷書作者約翰·葛瑞 (John Gray)，提出了十種愛的維他命，鼓勵人透過與他人的互動，讓人生活得更美好。那十種維他命簡單而言就是：

1. 來自上帝的愛。

2. 來自父母的愛與支持。

3. 來自家人、朋友的愛及生活情趣。

4. 同事、志同道合的朋友的愛。

5. 愛惜自己。

6. 來自親密關係的支持。

7. 仰賴我們的人所給予的愛與支持。

最後三項，卻不是接受，而是付出：

8. 我們對社區的回饋。

9. 對世界的回饋。

10. 侍奉上帝。

更重要的是，一個人必須要得着十種維他命的滋潤，才能成為完整的人，活得健康快樂。只是，我們常冒失地將所有精力關愛投注在某一種維他命上，以致愈攫取便愈覺匱乏。比方説，當人不懂愛惜自己，終日糟蹋磨爛自己的身軀，卻亟亟想攝取男女間的愛來填滿，只會愈努力愈感失落，愈感覺彼此傷害。反而將精力投注在別的關係上，學習好好愛護自己，幾個星期後，雙方反而因自愛而更懂互愛。

我覺得，約翰所説的最後三種維他命很重要。物質環境能如願以償，帶來的「快樂」如字音所喻會「快快落寞」，因為愈擁有便愈想擁有得更多。於是，我們便會將快樂的追尋推向較高的層次，即上述十種維他命上。但我仍深深相信，真正持久的快樂是你在付出中得着，在助人中尋回快樂之本。

關心需關心的人

曾主持一系列的「女性成長」講課，第一堂課結束時，有兩個面帶愁容的女士走到我面前。她們口述了前半生所遭受種種無望無奈的苦痛，不是三言兩語可以解答；說到激動處，更難自禁地嚎哭起來。看着兩個素未謀面的女士，因着共同的苦痛，好像兩根線找着了交叉點。一方流淚了，另一方會拿出紙巾來讓她拭淚。

與她們談了一個多小時後，我終於作了一個大膽的提議：你們彼此關心吧，往往都是受過錐心刺痛的人，才更能明白彼此的苦痛。看着她倆交換了電話，及後上課也是結伴而坐。最後一課時，瘦削的她憂心忡忡地告訴我另一個正情緒低落，上不了課，我緊緊抓住她的手勸她保重，勿憂慮過度。

「我會，但我很想關心她，她實在需要幫助……」隱隱看到她焦灼的眼神中，再找不到無奈與埋怨，而是滿溢的關愛與支持。

我拍拍她肩膀說：「去吧，關心那需要你關心的人吧！」她帶着滿足的笑靨，接受了我的祝福，與我話別，開始了助人快樂的新一天。

驀地發覺，心情也飄飄地樂起來。原來，快樂是會感染別人的……

「真誠」，一個我深深相信卻明知會帶來傷害、
有人嗤之以鼻而我卻至今執迷不悔的字眼。

如果真誠是錯

「我走了。」電話筒的那端傳來熟悉的聲音，是一位久違的朋友清脆玲瓏的呼喚。

「怎麼那麼急？」很難理解那份説走便走的撇脱。

依然記得幾個月前，正處身在人事鬥爭是非圈中的她，問我對離職的看法，我給了她一個簡單的提議：「每天對着鏡子問一下自己，鏡裏看到的那個是我嗎？」我的真正意思是，當任何的工作處境，令一個人變得愈來愈醜陋，愈來愈不像自己的時候，那便是揮手告別之時。

「怎麼？覺得愈來愈不像自己了，是嗎？」

「嗯！我終於看清楚一些人。」言語間似有難言之隱。在那天道別的早餐上，我們侃侃而談了三句鐘。「一些人」指的是她曾深深信任的朋友，但到了名利榮辱的關頭，卻雞飛狗散置諸不理，又或四出造謠攻擊，令自己可以上位。

「認識我的人都説我傻瓜，為什麼那麼信任朋友？為什麼不會掩飾一下自己，戴一下面具？」她一臉忿忿不平，把喝了一口的咖啡杯子「砰」一聲放在碟子上。

「當然不是……」我正要再勸下去的時候。

「難道對人真誠也有錯？」她説。

終於碰着了要點，我們的討論突然凝滯了。「真誠」，一個我深深相信卻明知會帶來傷害、有人嗤之以鼻而我卻至今執迷不悔的字眼。

由真誠到虛偽

少女時代，真誠是交朋友的的首要準則。看着亭亭玉立的女兒，每天躲在房間講電話，又或埋頭寫信給朋友交換心事的時候，我也會憶起那銀鈴似的笑聲伴着的年輕歲月。因為年輕，沒什麼遮攔，愛説什麼便説什麼。一個新朋友，如果是好朋友的朋友，也很容易畫上等號，視為自己的摯友。

少年的衣櫃裏有的盡是時髦的衣裝，但用來跑江湖瞞天過海、裝聾作啞的面具卻欠奉。正因如此，少年的友情很多離離合合，血淚縱橫，就像兩個沒穿戰袍的勇士在搏鬥，兩個回合不到便兩敗俱傷。

是日積月累的傷痕，也是抵不住別人的期望苛索，我們開始披掛上陣，一副面具一套盔甲，踏足石屎森林。漸漸，按別人期望而活，當父母眼中的乖女孩，當老闆眼中唯唯諾諾的好僱員，當明哲保身的局外人，又或當隨從者眼中勇敢果斷的領導；只有在夜闌人靜，挑燈夜讀之際，那個害羞的、懼怕的、畏縮的、忿忿不平的、無助的自我才會悄悄竄現。

所以，我份外珍惜那肯脫下面具與我為友的人。像眼前義憤填膺的她，或許許多多曾剖心置腹擁抱痛哭的摯友。

美國瀕死學者伊莉莎伯．庫伯勒．羅斯説得好，「真誠便是那些發現真實自我的人」，而我眼中的真誠相待，便是以真實的我對待真實的朋友。只是，真誠也必須付出血肉淋漓的代價。既然赤裸，是最容易受唇槍舌劍的攻擊，又或猝然背叛的反咬，愈信任愈投入的情誼，傷害也愈深。

那個早上，專心一致聽她娓娓道來往日的槍傷暗擊，隱隱覺得她的傷口仍淌着血的當下，居然被問了一個棘手的問題：「朋友都叫我，對人對事別這樣『上心』。告訴我，怎樣才可以『不上心』？」不上心就是「離心」，就是「抽離」，對一直投入生命執迷真誠的我，卻是個會答卻不會行的問題。

「想想，做一個不上心的人，那是你的本質嗎？」她聽了一直搖頭。

如果真誠是錯，那只是錯在欠缺一份面對自己的勇氣。

就讓我們錯下去

生於荷蘭的盧雲神父，是一位博學多才的智者。出道早年一直在哈佛、耶魯大學執教鞭，二十年後，禁不住內心的張力與召喚，毅然辭去教席，進入加拿大多倫多方舟團體的黎明之家（Daybreak）擔任牧靈神父，照顧弱智的朋友，直至心臟病突發離世。

欣賞他的《回家——盧雲逝世五週年紀念視像光碟》，提及那促使他離開別人夢寐以求的哈佛教席的張力時，他這樣形容：「那是我所做的與我所行的張力：我教人過羣體生活自己卻獨自生活，教人禱告自己卻無暇禱告，講論謙卑之道同時又不斷的往上爬……」最終，他選擇面對真正的自我，離開勾心鬥角的學術界，留在方舟照顧弱智朋友的起居飲食，其中最為人知的便是他的同房弱智老友亞當，盧雲形容他為「我的老師，我的朋友，我的嚮導。」柔弱的亞當雖然不言不語，卻教曉了盧雲何謂「基督的豐富」。

我常拿盧雲的故事激勵自己，也勉勵周遭與我一同犯險以真誠覓友的人。於是在那個臨別的一刻，我緊緊握着她的手，說：「如果真誠是錯，就讓我們錯下去吧！」卻忘了加一個註腳，在我眼中，真誠乃真假之別，而非對錯之分，如果說真誠有什麼問題的話，那是它的殺傷力驚人。最後，話應該改為這樣：「如果真誠容易令人受傷，我也依然願意負傷而往。」

界線，是讓人有空間，

在平靜安穩、不徐不疾中，從心得力。

不當好人的快樂

忙碌的日子，最怕縈迴不絕的電話鈴聲。

「喂！我是，有什麼事？」相熟的朋友一聽到我這把聲音，就會知情識趣地掛線，因為明白我有要事纏身，沒空拖磨。

但也有糾纏的。

「羅小姐，想找你幫我們……」

「對不起！我這陣子很忙呢！」對方隨即流露不相信的語氣。

「真的嗎？那何時才有空？」愈來愈覺得，「忙」不可以是一個藉口。

「這個……幾個月後吧！」

「那要多少個月？」這個問題實在不好回答。

「也要等上六個月吧！」好不容易才等到對方打退堂鼓。還有鍥而不捨的，試過有一趟就曾這樣被追問：「這麼忙，你哪有時間跟家人相處？」竟干涉我的私事來。

那趟，有點被對方的咄咄逼人氣急了，會忍不住回應：「我跟家人相處的時間可是我的優先次序！」心裏會嘀咕，干卿底事？

以前總覺得，人家打來找你，是給你面子，能幫的便儘量幫吧！助人為快樂之本嘛！現在想法改變了，不是不幫，而是體力、心力與時間的「本」少了，要冷靜的算一算，才衡量做與不做。如果說得實際一點，是開始學習到脫下「老好人」外衣的那種自由。

老好人是怎樣的？就是那些經不起別人的讚賞、期望，又或一直活在取悅與討好他人的羅網之中，久久不能自拔的人。本來，人家有難，出手幫忙是頂自然的事，但也要看是幫上忙還是幫倒忙？

本來，人家對我有這樣的期望，就要做到最好，不要辜負他

人的厚愛。可是，也要想想那期望是否與自己的實力相符。

本來，凡事答應總會為自己多添了不少朋友，但朋友眾多，人卻只有一個，很容易順得哥情失嫂意。

不斷取悅是一種病

美國臨牀心理學家海芮葉・布瑞克（Harriet B. Braiker）卻覺得，老是要當好人是一種病態，所以著了一本書名為《不當好人沒關係》（*The Disease to Please*，麥格羅・希爾出版），幫助「同道中人」脱離取悦他人的夢魘。這還不止，她還設立了一個網站（www.diseasetoplease.com），專門幫助那些有需要的人，並把各地的取悦症患者聯繫起來。她在書中提到取悦者的思想中，總有形無形地蘊涵着這十大守則：

1. 我應該永遠滿足別人對我的需要、期望和要求；
2. 不管別人有沒有要求我，我都應該將周遭的每個人照料好；
3. 我應該隨時傾聽別人的問題，並盡力解決；

4. 我應該永遠保持和善，不去傷害別人的感覺；

5. 我應該永遠將別人置於第一位，排在自己的需要之前；

6. 當別人對我有所需求或需要時，我絕不應向他們說「不」；

7. 無論如何，我都不應該讓別人失望或感到受挫；

8. 我應該永遠快樂歡愉，絕不向他人表現負面情緒；

9. 我應該隨時隨地向別人示好，讓他們感到快樂；

10. 我絕不應把自身的需要或問題加諸別人身上。

有趣的是，布瑞克博士還加了隱藏的第十一條：我應該圓滿地達成所有這些應該與不應該。

布瑞克博士厚厚的三百多頁著作中，分析了取悅的心態、習慣和感覺的不同，還提出了有效的回應方法，如「買時間」的拖延法，告訴對方「要查一下行事曆」、「考慮一下，遲些再聯絡」。並且，以堅定的態度讓對方知道自己需要時間考慮再作決定等

等。最後，還附錄了治癒取悦症的二十一天行動計劃，是慎重其事地處理這個問題，不過，對大部分在發病初期的普通人而言，需要的可能只是一份對自我界線的醒覺。

畫清界線

我們常說香港社會人情淡薄，但有時候熱情過度也是一個問題，又或者，象徵着一種匱乏。缺乏對事情的洞悉優次，缺乏對自我能與不能的了解，缺乏別人對自己的認同和肯定，缺乏說不的勇氣。我們就是需要這種自覺。沒有的人，就會「耳朵軟」起來，容易受他人的唆使，無所適從。

前陣子發生少年朋輩結伴尋死的慘劇，大家的討論焦點都在評論朋輩輔導的缺失，盼望青少年能多與長輩或更成熟的同輩溝通，但卻鮮有提及少年交友或親密友誼的「界線」問題。青少年是什麼都百分百主觀與投入，但真正的成長卻是從中學會客觀與抽身。凡事都應畫一條界線，知道走到哪一步已算「夠朋友」。同喜同悲是朋友責無旁貸的義務，所謂「死黨」，可是見死要「救」、見死要「擋」的真朋友。

「界線」的另一個目的，是讓自己能盡心做好手邊的事，不致被緊迫的要求壓得無所適從。不錯，每一個要求都看似十萬火急、非君不可的，因為人家也是情急找不到人才找你。如果拒絕，會得失了人家對你的好意與欣賞。只是，一天答應一件緊急的事，其他已答應的，與家人相處，或自己的休閒時間，就被迫割捨掉了。

界線，是讓人有空間，在平靜安穩、不徐不疾中，從心得力，理所當然地躺在安樂椅上，享受不當好人的快樂。

人生若能得一二諍友，定必死而無憾。

諍友之道

沒想到，跟 H 談了不到一個禮拜，便已收到她的電郵。

「我跟他分手了，過程很平和，心境也很平靜。」

閱畢了電郵，我坐在辦公室的梳化上，緩緩地吁了一口氣。想起那天見面的情景，至交談的細節，我都覺得殊不容易。

真的，要怎樣把一個人從戀愛的迷陣中拉出來，除了智慧以外，還需要那麼一點點勇氣。因為忠言逆耳，如果對方聽不進去的話，便會覺得你落井下石；聽得進去的，便會當是金石良言。

仍記得那個晚上，我們約了在一所餐廳見面。她精神恍惚，什麼菜也沒點，只隨意吃了一客雜菜沙律。一坐下，已滔滔不絕告訴我她的愛情故事。她跟那個他周旋了五年多了，離離合合，複雜的家庭環境，懸殊的教育背景，把他們繫在一塊的，大概是那五年的恩情。

直言進諫，結果……

「要我割捨，我捨不得！但他想結婚，我又覺得完全不是那回事。」昔日她那份難捨之情我仍歷歷在目。大家談到了一些關口，其實只有兩個選擇：一是任由她繼續說下去，我就單做一個聆聽者；要不就是把握時機，直言進諫。結果，我選擇了後者。

「你覺得自己愛他嗎？」聽到這個問題，她低下頭來，思索了很久，搖了一下頭。

「不知道。我覺得奇怪的是，每趟他跑到外地公幹，我一點也沒有思念，也不會想要跟他通什麼電話。你覺得……」既然她已有點頭緒，我也不妨「打蛇隨棍上」。

H 在電郵的尾段說謝謝我的肺腑諍言。她哪裏知道，我說這些話的時候，也經過了多少的掙扎。以往試過有好幾趟，鼓着餘勇把話說出去，對方臉色大變，我深知不妙；情誼也就如此這般，由濃化淡，由淡歸無。

諍言，是最難說出口的話，卻也是這個奉行阿諛巴結的時代，不可或缺的情誼。人生若能得一二諍友，定必死而無憾。我是這麼想的。然而這個年頭，吃吃喝喝打打球的酒肉朋友易找，貼身的諍友卻是難求。

路遙知馬力

諍友不是你第一眼看見就會心底喜歡的朋友。他可能比別人酷一點，甚至有時不苟言笑。說起話來也是單刀直入，很少拐彎抹角。說是就是，道非就是非。心情低落的時候最怕碰上他，因為他總會一針見血地指出你的錯失盲點，然又不失智者的風度。他說話並非存心要貶抑你的自尊，或欲打碎你的自我形象，而是像一個花農般，在你生命的花圃裏做一些修剪的工作，讓你人生的花朵開得更亮麗。

諍友出現的時候，很少是平常的日子。在你跌進人生的低谷，他會贈你一兩句箴言。在你得意洋洋的時候，他會把你高抬的頭拉下來，讓你瞧瞧腳下所踏的人生高峰原來是這麼險峭，一不小心便會摔過粉身碎骨。當別人為你鼓掌高歌的時候，他只會在旁冷眼旁觀，不發一言。有時，你會被他異常的舉動氣昏了，心裏老想，不能陪朋友共富貴歡樂的，還算不算是朋友？也曾經為此，你甚至疏遠過他，直至你最徬徨無助的時候，他又自然冒出頭來，鼎力相助，一點也沒記仇。你就明白，路遙知馬力，日久見人心。

千萬別讓他溜走

真正的諍友，會在你退縮裹足不前的時候，鼓勵你破除成見，踏前一步。當你人生的行囊背得愈來愈重的日子，亟亟要求你割捨。當你常以咖啡奶茶來麻醉自己的時候，他會激奮地勸你做些有益身心的事，吃多些健康營養的食物。

他也是一個沒有計算，願為摯友兩肋插刀的人。你的脆弱，他會承托，但只是一時，到稍有起色他便放手，讓你獨自走出康復的路。他可能對你瞭如指掌，但從不會要求在你身上得着什麼好處，又或在你的成就上分一杯羹。

值得一提的是，諍友很少是從朝夕相見的密友開始的。有時，甚至兩人的性格是南轅北轍，這樣才能作為彼此個性的互補。諍友不需要時時見面，那種交情可能是君子之交淡如水，但一旦談起話來，便無所不言，誰也不會因沒有修飾的直言感到被傷害。生命中有一兩個諍友，就是多了一兩盞生命的亮燈。在漫天迷霧不知所蹤之際，為你指點迷津。

如果你生命中遇上這些看似「冷眼」，實則「清心」的諍友，千萬別讓他溜走，認定他是個可交心的對象，每當遭逢困惑，猶豫不決時，就搖一個電話給他，靜聽諍言的時候了，你想起這個他了嗎？

堅持在一起

血濃於水，

總可以蓋過這些芝麻綠豆的瑣事。

母女情結

親情間最難處理的衝突，莫過於母女。特別是媽媽不喜歡「那個女兒」的時候，衝突就更是明顯。

先是「名字」上無形的「羞辱」(不便舉例，總是名字中包含着「恨不得生男」的意思)。繼而，是飯菜上的有形刻薄，聽過不少女性憶及她們的童年，媽媽往往會把「好餸」留給哥哥弟弟的故事。

尤有甚者，更要求女兒把讀書留學的權利留給家中的男孩。母親種種「生女不及生男好」的觀念，深埋在女兒心中，形成不能磨滅的烙印。母親「瞧不起自己」的聲音，也成了她們內心若隱若現的詛咒，嚴重影響了她的自我形象。

也有些是礙於個性上的差異，造成衝突的。一個性子急，一個性子慢；一個要求高，一個得過且過。總之彼此看不順眼。只是血濃於水，總可以蓋過這些芝麻綠豆的瑣事。

隨着結婚生子，女兒始明白母親的劬勞，對昔日「水火不容」的母親多了幾分憐憫。有些一直得不着母愛者，便轉而尋找那感情上的代母 —— 就是那些願意肯定鼓勵自己的朋友，或像母親的「替身」。

當讀到一段母親在女兒死後明言聲討的新聞，就像一個「母女情結」的現實版。女兒得不着母親的愛，信任了朋友；母親不甘「失去」女兒，不住數落她身邊的人。

母女情結的大團圓結局多是彼此饒恕，修復關係。但在這個處境，只能祈求為母的願意解開心結，否則計算只會帶來更多的計算，恩怨連綿啊！

唯獨親情，苦難愈肆狂的時候，

就有一種天賦的、更黏靠的能力。

唯獨親情

喜歡觀望清晨的街頭，總會找着什麼生活的啟示。

像這陣子，車子一拐彎，就見到一對父子。通常，孩子坐在輪椅上，爸爸倚在他後面，陽光散落在他倆仰起的臉上。父子倆有說有笑，談得興起的時候，孩子還會調皮的伸手捏爸爸的臉，然後二人咭咭笑起來，很溫馨。車子來了，父親與工作人員一同把孩子抬上車，車門關上，孩子微笑着跟窗外的爸爸揮手道別。

日日如是。每次我都留意那父親充滿憐愛接納的眼神，專注在輪椅上孩子的一舉一動。孩子呢，總是凝望着穿西裝的父親。如果爸爸的領帶打歪了，他就會叫爸爸俯下頭來，為他再結過。每次，我的目光都會被這對親情洋溢的父子吸引。

扭開電視機，出現的是另一個爸爸。妻子患了精神病，總覺得有人害她，甚至把老公當仇人，趕他離家。只是，這個每天被老婆驅逐的男人，總會偷偷回去，為家添補日常用品，探望孩

子，直到患病的妻子離世。一直以來，他都心存盼望，渴望老妻的病早日痊癒，一家可以早日團圓。豈料，晚年妻子的病好轉了點，他也可以孩子「乾爹」的身分回家吃飯了，卻竟是時候老妻撒手人寰了。看罷節目，心中欽佩那一直活在被誤會、被驅趕中仍堅持去愛的父親。

世上許多的情，有了相愛、有了相親、又有了許諾，最終還是大難臨頭各自飛。唯獨親情，苦難愈肆狂的時候，就有一種天賦的、更黏靠的能力，承托着生命中不能承受的重。

由於明白獨個兒的寂寞，

一個人特別關心獨居的人。

一個人

一個人本來跟幾個人都是好朋友，每天一起歡笑，一起哭泣，有福同享，有禍同當。只是當中有人遷移，有人交上更理想的朋友，有人忙得不可開交，於是大家開始減少聯絡。

一個人想，算了吧，不見就不見，一個人在家裏，不是挺舒服自在的嗎？泡一個公仔麪，自己弄一杯熱咖啡，坐在客廳看看電視，週末就是這樣打發掉。

冷不提防有天天氣變得惡劣，雷電交加，客廳的掛畫「啪」一聲掉下來。一個人心裏忽然很驚，發生了什麼事呢？很想撥個電話找朋友，翻開電話簿始發覺，好多朋友都沒聯絡了呢！

一個人開始自問，是自己離棄了朋友，還是朋友離棄了自己呢？不過，此時此刻，一個人只知道一件事：就是要走出一步，因為自己需要朋友。

電話撥通了，傳來的是愉快的聲音：「聽到你的聲音真好！」一個人樂極了，從沒想過朋友依然是朋友，關心依然存在。接着一個人約了朋友，朋友又約了朋友，一天接一天的約，圈子一天比一天擴大。

由於明白獨個兒的寂寞，一個人特別關心獨居的人。這一天來到維園，剛好見到一個跛腳的婆婆在參加聚會。一個人毫不遲疑的走了上去打招呼，婆婆說：「人老了，不中用了！」

一個人跟她說：「婆婆，告訴我多一點你以前的故事，可以嗎？」婆婆就滔滔不絕的說起來。

夕陽下，映照出來的，是一個人跟婆婆「兩個人」有講有笑的背影。

做得成玩伴，起碼有某種相知相惜。

玩伴

玩伴不一定是一個愛玩的人，而是一個與你玩得合拍的人。

做孩子的時候，最好的玩伴，就是你一呼，他就會回應。大家玩捉迷藏，你愛躲在那幽暗的衣櫃裏面，眾人之中，他總是第一個懂得到那兒找你。他拿到最美味的糖果，也總會分一半給你。你們不用朝夕相見，但一玩起來卻又很快投入且有默契。

人長大了，對玩伴的要求也不一樣。他可能是，與你的頻率相近的一個人。你覺得自己烏龍，原來她也一樣烏龍；你一拿着鑰匙在大喊「找不到鑰匙」，她也可以戴着眼鏡説「不見了眼鏡」。有時候，你説些促狹的話，説到一半，她已哈哈大笑起來，彷彿早知道你接下去會説什麼。

做得成玩伴，起碼有某種相知相惜。

比方説，兩個人在一起，不用談很多心底話，卻感到出奇的

自在舒服。你不用戴上任何面具，或顧慮說什麼不說什麼，也不用怕她會錯意或覺得你愚蠢，因為她跟你相處久了，自然熟悉你的脾性、優點缺點，並且欣然接納。有時候，大家聚在一塊，不為何事，只是逛街、閒聊。旁人可能覺得嘻嘻哈哈言不及邊際，但兩個人卻樂在其中。遇到逆境臨頭的時候，大家又好像摸通對方發噱的癢處，往往能使你在大發牢騷之後來一趟哈哈大笑，撫平對方凌亂的愁緒。

玩伴玩伴，就是輕鬆時給你加添快樂，憂愁時為你散播輕鬆的那一個。有人說，他們是生活中的小丑，我卻覺得，有此一良伴，是生命中最難能可貴的快樂天使才對。

言語柔和的確可以減怒解憂，
使人心緒安寧。

一個好警察

有位城中富商的司機，某天「走錯路」正掉頭時，不小心與一輛停泊在附近的食環署客貨車發生輕微碰撞。司機登時嚇得驚惶失措，怕因此遭解僱。難得的是，警方在調查期間，負責的警司見他一副憂心忡忡的模樣，便不住的安慰他。引用過往處理案件的實例之餘，又佐以實證「意外中無人受傷，房車損毀輕微」，令對方的心情終能平復過來。

真沒想到，在這個時勢，仍有這麼體貼小市民的好警察。君不見在各鬧市街角，總會見到一些騎着電單車，伺機捉人的交通警。待找到「目標」便窮追不捨，直至對方停下車，收了告票始罷休！有時遠觀那些嘴臉，明知被抓的有錯，但也會替他們感到「不值」。

話雖這麼說，但就自己那唯一的被抄牌經驗來看，卻與那個富商司機的「待遇」相似。記得那天正駕車進沙田一個演講的邀約，怎料駛到浸會大學旁邊，即被交通警截停。對方一見我，便客氣地說：「小姐，你知道這兒的車速是五十公里嗎？」我搖了一下頭，以為那段路是納入高速的範圍。然後他很禮貌地把告票遞過來，臨走前還因為妨礙我赴會而連聲說「對不起」。

事後友人見我提起這事，怎麼一點怨氣也沒有。這使我更相信，言語柔和的確可以減怒解憂，使人心緒安寧。

其實，治亂世，施重稅，用重典之餘，也要看是否執行得饒富人情味，這才是另一「解怨」高招。

這些年來，她可能覺得自己失去很多，
但上主待她不薄。

珍貴生日會

人到了某一個年紀，已很少會開什麼生日派對。友人卻一反「慣例」，為自己搞了一個別開生面的派對。

她說，靈感是來自一位台灣作家的生前告別儀式。不同的只是她沒有患上絕症，只是一次意外，令她對人生多了一重深沉的反思。

那個下午抵埗的，有她一見如故的新知，也有青梅竹馬的摯友。最特別的是她邀請了某些好友，在錄影機前盡訴心底話。實在不知該說些什麼，鏡頭對準的那刻，想到的是兩年多前患病休養的日子，她剛學插花，着人送來一盆她親手用不同玫瑰插成的心形花盒。那些一個人的早上，走到窗前，嗅嗅花香，念及她貼心的關愛，咱們的友情就是這樣展開了。

知道不應該在人家喜氣洋洋的日子流眼淚，但就是知而不能行。聽到接着下來她摯友的告白，我這個旁人的淚可一直在眼眶

打轉。兩個小女生，從中學相交到大學，直到兩個人在迥異的地方處境工作，卻維繫着一段永固的友情。她為自己沒能敏銳回應摯友的需要而說「對不起」，更娓娓道來許多相交的珍貴片段。真想告訴友人，這些年來，她可能覺得自己失去很多（如物質的享受、工作的機會），但上主待她不薄，她仍有愛她的家人，肯為她兩肋插刀的朋友，還有一班為她打氣的新知舊雨。

那個下午，這位漂亮如昔的女子，在送走賓客時，彼此兩雙道別的手都是緊握的，良久才肯放開，我想，大家都很想抓住的，是這個真情流露的時刻……

後記：其實，故事的主角就是娟妹（羅慧娟），而這個生日派對，就成了我們這班朋友永誌難忘的追憶。

當你不再緬懷高峰的虛榮，
就可以笑看低谷的悲涼。

低谷中伸出手

這天，在電梯又碰見他。他看到我跟同事一塊，一臉羨慕。

「怎麼？一個人嗎？這麼晚才去吃飯？」我看看手錶，中午兩點多了。

我問他：「生意好嗎？」

「還不錯，逐漸有起色。相信會愈來愈好啊！」說時眼睛炯炯有神。

電梯剛到，門打開，他一個箭步走了進去，步履輕盈自在。從他的表情眼神，一點也看不出他曾有過一段大跌難起的日子。從高處跌下的滋味並不好過：高薪厚職，沒了；周圍前呼後擁的人，消失了。可以說，一切從零開始。伴着他的，只有摯愛的妻子。

看他倆尋尋覓覓，找辦公室，辛辛苦苦把家具一件件地抬回來。到底不是二三十歲的年輕小伙子，做這些粗重工作，也沒嫌這怨那。唯一特別的，是他提及前塵往事的，都會把那些枝節省掉了，然後加一句：「算吧，都過去了！」過去的榮華，他不眷戀。說穿了，當你不再緬懷高峰的虛榮，就可以笑看低谷的悲涼。

很多人遇上生命中重大的打擊，不少都熬不下去，又或索性躲起來不見人。他面對的方式卻大有不同。厄運於他，只是一時；他反而視之為一個大好機會，發展不同的領域，猶如打過另一副重洗的牌。視谷底為暫時的，影響範圍也是局部的想法，給他一種扭轉劣勢的動力。

最後，當然是他肯放下面子，接受朋友的幫忙。面子，往往是男性最難放下的；連面子也輕放一邊，他就可以從容赴戰，輕身上路。低谷於他，只是人生一個驛站而已！是嗎？

就在這刻，她與他中間的那一道牆，
倒下了。

一道牆，倒下了

曾經，他與她中間，隔了一道牆。

起初，她一點也沒意識到那道牆的阻力。只知道，四年一次，他會着了魔似的，緊緊黏在電視機旁，欣賞那舉世轟動的球賽。電視熒光幕的箱子，宛若一個金剛罩般牢牢罩住了他。她的呼喊，他不回應；她的拉扯，他無動於衷。她心裏想，「區區一個足球，有這麼大的吸引力，把他從我身邊拉走嗎？」

每逢想到這裏，她總會自我解慰一番。怕什麼，他在婚禮的誓詞上，不是曾清清楚楚的説：「不論富貴或貧窮，我都願意守在你身邊。」反芻着這些甜蜜的誓言，她遂滿有把握坐回他身旁，嘗試投入他的足球世界。

他像中了魔咒

「他在龍門外正爭取那個球，怎麼球證要吹罰？」她覺得那

是掃興之舉，明明大腳一踢，就可以進門，卻忘了她的一問，也在掃蕩着他觀賞的雅興。

「那叫越位球，我遲一下才告訴你是什麼，好嗎？」他還算沉得住氣，邊敷衍邊專注繼續觀看。這一刻，她沉默了，悄悄地推開了家門，她決定要到外面透一透氣。

沿着大馬路走，霓虹燈掩影下，兩旁的店舖生意更顯得出奇的冷清。有趣的是，店主們好像都不在乎這些，跟她家裏的男人一樣，都是一頭栽進熒光幕裏，專心一致看比賽。眼巴巴看着那條清爽無人的街道，那一所所無人問津的時裝店，她立刻搖了一個電話給 J，想邀她出來逛街。怎知，電話筒傳來斷言的拒絕：「不，我要陪愛人看足球！」她沒心情聽下去，已急忙把電話掛斷。直至那一刻，她才驚覺，原來不止她的男人，而是整個城市的男女，都中了這個「魔咒」。

忽然，響起一陣喧鬧聲，原來她已走到那個直播球賽的場地。拖男帶女的，把臉畫成大花臉的，一羣接一羣的高聲叫嚷，洶湧襲至。以他們愈喊愈高亢的聲調，因扯開嗓門而大張了的嘴巴，成了街頭最令人側目的一眾。她一直以為，只有相當自信的人，才敢把自己的臉漆得五彩，在大庭廣眾眼前將肢體任意擺動，笑也比別人高幾度音；如今眼前及球場上覆天蓋地的人羣，不正正打翻了她一貫的假設。特別是男人，那些一向把情緒收斂得最密實的男人，怎麼可以在觀賞足球的時候，一下子變得話多了（尤其是罵起那些「不肖」的球員），情緒激烈了，一會兒捶胸頓足，一會兒又振臂高呼，喜怒均形於色。她詫異極了，怎麼平日費勁揣摩他們情緒的男子漢，竟被一個小小的足球舞弄得七情上臉呢！

怨氣總要找出口

到底，是足球真的有這麼巨大的魔力，還是男人的情緒需要找一個堂正凜然的宣洩空間？

她曾問過他，足球有什麼吸引？他抓了一下頭，想了老半天只說了幾句：「這是一個很刺激的遊戲，令人動輒便投入，更有一個理直氣壯的藉口罵人……」她牢牢記住那句：「理直氣壯的罵人」。回想起來，她應該感激足球才對；男人因為有足球，所有的怨氣都找着了掏乾掏淨的出口，它才是平伏男人情緒的萬靈丹。

她突然安心下來，素常對足球的怨懟也減滅了，甚至變得有點欣賞。身邊許多不看足球的女友，都一窩蜂地追捧起來。有一個是抱着看電影的心態，追捧着俊男型男球員；有一個是無聊找刺激亂看；有一個是老闆准看，她也跟着大夥湊熱鬧。

終於她想通了，當了多年的嚴母，也該是做做慈母的時候。二話不説，她便快步跑回家。踏進家門，即看見神色蒼茫的他，幽幽地説：「其實，我可以不看足球的。」她一手抿住了他的嘴，説：「親愛的，讓我好好的陪你看足球。我相信，每一個男人女人都該看足球的日子到了！」

就在這刻，她與世界，她與他中間的那一道牆，倒下了。

友情的種撒得愈多，收成也愈大。

友誼的種子

這夜，心血來潮，搖了一個電話給 S。四個多月沒聯絡了，一切無恙吧！電話那端傳來爽朗的笑聲：「很好啊！剛從外地公幹回來，你呢？」安心了，不如抽空見個面。彼此已邀約了多次，不是她在遠行就是我在忙着講座，大家都似乎無心地讓機會流失，這次非逮住不可。

約會的地點是我們初約相識的西餐廳。十多年了，侍應已換了多遍，菜牌也再沒有我們熟悉的菜式，難得的是我們的情誼依舊。

「仍在舊公司吧，沒有離開？」

「開玩笑！這是什麼時局，哪能說走就走！」其實，這是她每次跟我見面的開場白，到一個地步，甚至打賭誰走得快。如今，我已遠離舊職，本來大聲嚷着要走的她，卻仍按兵不動，甚至有點意興闌珊起來。

關懷的暖流

腦海裏登時出現昔日的情景，兩個志同道合的大女孩，在燭光掩映下，編織未來的夢，什麼女性讀書會、遊布拉格上查理士橋、回內地探鄉區小孩天花亂墜，說得口沫橫飛。再望眼前的她，篤定泰然多了，更懂得調理身心之道（以前我們仗着自己還年輕，總覺得那是「婆媽」的東西）。臨別前，不忘遞來一本健康食譜，我翻了翻，疑惑了：「你真會費那麼大的勁煮來吃嗎？」

「當然，自己的身體最重要。留得青山在嘛！」無以為報之餘，唯有送上近作一本。

孰料，見面後的第二天，便收到她的來電。

「書我已經一夜讀畢，很喜歡，感覺就像跟你聊天一樣。這半年的日子真不容易，是嗎？」我還沒來得及反應，她已接着說：「別以為少見面就不是朋友，大家忙嘛！我是了解的……」接下來是一連串激勵的話。

「S，謝謝，謝謝你的欣賞啊！」在那個寒風凜冽的黃昏，她的電話如一道暖流，溫熱了我的心窩。淚不期然地潸潸流下，心

是感激，也是湧動。

分享人生甘苦

朋友，就算多忙，還是抽空見個面的好。不是怕歲月令友情減滅，而是人到某一個年紀，總渴望有個熟悉自己過去的人在身邊，分享生命中的苦澀與甘甜。新朋友不是不好，但又要從頭輸入過去現在，蠻累的呢！

有時，即使言不及義，就這樣風花雪月、海闊天空的胡扯一頓，也是一種都市人壓力下的紓緩。即或八九人共聚一桌，也可以邊大快朵頤，邊呷茶淺笑，如那個久約重逢的晚上。

早記不起是什麼原因，我們這一夥人會相熟到這樣的程度。一旦見面，不用熱身，已經吱吱喳喳，肆無忌憚地說過不停。闊別半年的 A，怎麼變得更頹唐落寞？大家都七嘴八舌開解他。B 卻是一派重生的雀躍，生命打了十年的轉，終於找着了定點。C 一臉苦候的無奈，等多一會兒吧，總相信有志者事竟成。那個鬧哄哄的日本餐廳被我們的熱情薰得更喧鬧嘈吵，我逐一打量着這一班眼前人，喜的苦的憂的悲的，彼此的情緒在攪和着，友情中的同喜同悲大概就是這個樣子吧！

友誼由撒種開始

愈來愈相信，友誼是由相識撒種啟始。而每一次的見面，就是灌溉的過程。有時，要溫柔地彼此鼓舞，那是施肥。有時，誤會來了，或招惹了閒言閒語，就得鼓起勇氣，當面對話，那是除去雜草。年日見功，友誼的樹茁壯成長了，有時忘了澆水，像跟 S 的情誼吧，也不會有什麼大礙，樹幹粗得可以撐得住風雨。

友誼的種撒得愈多，收成也愈大。昔日仍在出版社工作的時候，最愛跟陌生的讀者或被訪者聊天。心中的信念是，多認識一個朋友，就是擴展了自己的世界。如今，成了照顧老一輩及養育下一代之間的夾心人，熱誠稍減了，霍然醒覺的是，收成的日子已到，陸續在機緣巧合下，與一位接一位似曾相識的朋友相認。

L 說，我在她應徵雜誌職位時，雖沒錄用她，卻安排她一個寫作的機會。B 說，我曾到過她的學校演講，印象仍歷歷在目。T 說是多年前，曾經共事當編輯的義工。說真的，有些人的面貌已漸模糊，但接到電話的剎那，畢竟是興奮的。「如果對別人存

有善意，人們可能利用完畢，一走了之，又或倒戈相向，即使如此，仍要對朋友心存善意，並落力行善，因為到了時候就會收成。」不知怎的，腦海中竟浮起這句「加爾各答兒童之家」牆上寄語的改寫版。

無論如何，我仍相信，心誠則達，真誠友誼方程式，不過如是而已。人與人之間倘能真正相繫，織連出來的意境，可以是英國畫家詩人布萊克（William Blake）的名詩《天真之兆》（*Anguries of Innocence*）：從一粒沙看世界，在一朵野花裏看見天堂，用你的手掌握住無限（改為友誼也行啊！），在剎那裏找到永恆。

投入去活的過程就是一個生命煉淨的過程。

笑對過去

歷史是美麗的，也是殘酷的。它是那麼忠忠實實記載了過去人類的辛苦勞力，默默耕耘，卻又那麼赤裸裸地揭露了人性的醜陋幽暗，悲傷與絕望。

懷抱歷史的人的生命是沉重的，一步一步踏地有聲；忘記歷史的人的生命是輕省的，步履也帶着難以捉摸的飄忽。

只是，背負也難，捨棄也不易。如何游移兩者之間，倒是個大學問。國家民族歷史的探究取捨，往往不用我們費神，總有專家學者來承擔。個人的歷史過去，卻是每個人責無旁貸要獨自背負的。特別是女性的個人歷史，更是重甸甸的壓在心頭，要學習擺脱過去的糾纏，重新開始，旅德攝影家王小慧的《我的視覺日記》，會是一個上佳的「引子」。

還記得，在書店隨手拿起這本書的時候，已被作者舉手自拍那雙炯炯有神的眼睛所觸動。王小慧，是怎麼樣的一個女子？她的日記又會是一本怎樣的東西？日記，對了，就是這麼私人的記錄方式，再加上章頁間一張張會說話的照片，及不常見的裸體攝影處理手法，惹得我一手便把書買回家。幾天以來，家人形容我是在廢寢忘食地讀，愈讀愈覺得進入了另一種的境界。文字與圖片的結合，使我有如帶着一套隨身放映的默片，閱讀之餘，更添了感官與想像的呼應。

書的開端寫着，「一位美麗靈慧的東方女子，在西方經歷了靈魂和肉體的雙重打擊，失去好友與丈夫之後，在死亡邊緣上領悟了生、死和愛的真諦，重新站立起來。她用心愛的照相機開始不倦的藝術追求，並取得卓越的成就。」

苦難令人徹悟

王小慧與先生俞霖是上海同濟大學建築系的同學，同獲公費往德國留學。二人的才華很快得到當地師友的賞識，但更令人豔羨是他倆純真樸實的愛情生活。作者寫着：「俞霖總是在一些平凡而具體事情上表現出他愛我的方式。」譬如說，他會在冰天雪地上，替妻子背着睡袋行囊，讓她可以輕省地拿着照相機到處攝獵，拍累了，他會在身後用雙手推着她向前走。更難得的是，有

許多藝術表現展覽的機會，他都甘心樂意鼓勵妻子去參加爭取，把自己橫溢的才情藏諸腦後。大男人的雙手，還會寫大字書法，做精緻的小耳環，小慧的形容是：「他曾經給我無數各式各樣的他自己做的令人愛不釋手的小東西，他總是那麼有心，總知道我最需要和最喜歡什麼。」如此神仙眷屬似的夫妻情誼，卻在五年的甜蜜恩愛中猝然消逝。

一場奪命的車禍，把俞霖匆匆帶走了。留下小慧斯人獨悲愴，她傷心，她難過，她心痛欲絕。最後，她帶着傷重未癒的身子，把深沉的悼念與不捨，混着淚水與思念，化作百個唇印蓋在宣紙上，送給丈夫作最後的告別：「……若能早知道今天，我會更珍惜你的愛，我已經在開始後悔的折磨。若能早知道今天，我會更珍惜你的愛，也會更懂得愛你……」

在美好生命剛要開始的時候，卻遭逢喪夫的不幸。王小慧的生命停頓了，有大半年的日子，她不能工作，只能思考。苦難的熔爐讓她想清楚生命的意義與價值，也徹悟了人生中一些大是小非。

經痛苦錘鍊的句子

拿着熒光筆挑燈夜讀，我畫下了這些經過痛苦錘鍊的句子：

「真正的朋友是那個你可以無話不說，絕對信賴的人……而熟人，當你去另外的地方就會慢慢淡忘……」

「每個人都有每個人的特點，你不要用自己的『特短』與別人的『特長』去比，那樣你永遠會輸……」（這是師長對她的勸誨）

「你的年齡是別人猜想和你自己感覺的綜合系數，永遠不要去想實際年齡，你感覺自己有多年輕你就多年輕……」（一位八十歲卻看似四十多的藝術家給她的年齡參悟）

原來，投入去活的過程就是一個生命煉淨的過程。王小慧從生命的死蔭之處，找到了生命的重與輕，實在與虛幻。至於我，在懷抱與放逐的鐘擺下，我又要怎樣取捨自己的歷史呢？讀着記下來的一字一句，我好像找着點頭緒了。

這份「人外有人」的熱情真摯，

實在教人樂而「思」返呢。

天外有天

再用電池若要得到最有效的充電，是要待到電量完全耗盡時充電，電力才會更強勁持久。香港人的度假充電，不知有心抑或無意，原理竟與此相似。

有一年，我是在幾天之內把手上十件的工作趕完，收拾行裝至凌晨，翌日一家人匆匆上機赴新西蘭度兩個星期的大假。

「幹嗎要坐十多個小時飛機，跑到老遠的新西蘭度假？你在那邊有親戚嗎？」聽到我們有這個度假計劃的，都摸不着頭腦，為何選上南半球那端一個杳無人煙（聞説是羊與船均比人多）的「荒山野嶺」？

《魔戒》的召喚

很簡單，因為女兒愛上了《魔戒》（*The Lord of the Rings*）這齣電影，咱們父母為鼓勵她閱讀，並發揮尋根究底的精神，便

一家踏上這個尋索之旅。

飛機正準備降落奧克蘭機場的時候，孩子是帶着揭開「中土世界」（魔戒故事發生之地）的興奮，我則觀賞着飛機緩緩地撥開了雲霧，衝出一片綠原的奇景所吸引。

「媽，你看！那一團團的白點是綿羊嗎？」

「怎可能！哪有這麼多，而且蠕動緩慢。」但飛機愈接近地面，愈證明孩子所猜屬實。原來，行動緩慢的不止純純的綿羊山羊，還有當地的海關員。看慣了冷面孔的香港人，非但沒有被新西蘭關員的和顏悦色感動，反而一股勁罵起他的辦事效率來。

「你看他！跟每一個人都談上十分鐘，過路的也打招呼一番，一點都不專業！」

「咱們香港才不是這樣，早就到行李處那邊拿行李啦！」

大家已很不耐煩地控訴起來。正當大伙罵得興致高昂之際，日本一個學生代表團猝然駕臨，一方不會講，一方不會聽之下，本來長長的人龍開始縮短了。然而，當我們與久候的接機朋友見面時，已是抵埗後的兩個小時了。

「還以為你們被海關搜到什麼水果乾糧？出了什麼岔子？」

「不，是你們新西蘭人太好，太熱情了……」外子已忍不住把所見所聞一一道來。

是啊，是啊，這兒真是個住了許多好人的好地方。

車子邊行着，朋友邊述説着這美地的種種優點：山明水秀，人傑地靈。要吃的有三文魚與數之不盡的牛羊豬，要觀光的，北島多的是漫山遍綠的平原，南島有崇山峻嶺的險隘，又有綠水藍天的襯托。

「這兒是人間天堂，也是退休者的樂園！」旅遊廣告這麼説，同行的華人朋友也齊聲附和。大概忙碌的香港人都這麼想，如果有一天，我退休了，有足夠的錢，可以買一所大房子，跟家人安安靜靜生活在一起，看着孩子健康快樂的成長，那就於願足矣。

「媽，你看天上的星星多閃亮，為什麼我們在香港沒看

過？」孩子是頭一遭看到漫天的星海，自是興奮不已。

「孩子多單純，看到星星便會這麼雀躍！我們已看得習慣了！」J 不經意的説。

曾經以為，天外有天的境界是何等遼闊，可容身與發展的空間多着呢！為什麼天空愈遼闊，地愈寬廣，看到的可能卻愈來愈少，步伐也愈來愈停頓，內心的空洞也愈來愈大？

人外有人

一下車，把行李放落在旅館的大門，身邊的香港朋友已向我明示：「這兒真好，什麼都不用結小費！」

心想，這個年頭，哪有這麼便宜的事。

然目睹那年輕小伙子，使勁一拉，便把重甸甸的行裝上了行李車的輕快模樣，是活慣在「斤斤計較」氛圍下的我所大惑不解的。

把行李送到房間，確定擺放穩妥，還禮貌地跟我們閒聊一番，說新西蘭這陣子的雪景最漂亮，該去滑雪呀，他也準備趁假期帶孩子滑雪等等，挺親切的。最後，善解人意的外子忍不住追了上去，把幾塊錢小費塞進他的手裏。看來，他是以中國人的「識禮」，回報外國人的熱誠。

住了幾天下來，也漸對新西蘭的「熱與慢」多了幾分了解。起初，我是在機場被他們的「慢吞吞」效率所嚇怕，現在則漸了解他們的熱情與緩慢間的不可分割。他們緩慢，是因為他們熱情。你問一句，他可以跟你聊上十句，你說天氣冷了不知怎麼辦，他可以如數家珍告訴你該穿些什麼上滑雪場……

記得有天，我們在趕路南下到基督城觀光，行程是一環接一環的緊扣。豈料坐了十多個小時的車，眼見旅館近在眼前之際，司機匆匆下車為一位迷途的女乘客指點迷津，才跑回司機位繼續開車。

九一一周年又到，這陣子美國人都在大談事件令他們醒覺人與人之間的鄰舍關懷，連向來冷漠的紐約人也熱情樂助了；但在這兒，卻是新西蘭人天天奉行的待客之道。朋友告訴我，愈往南走，那些人也愈熱情。結果證實所言不虛。

熱情滿瀉

按照計劃，我們在基督城只有半晝停留。為了爭取時間（沒辦法，這種以最少時間爭取最多收穫的港式心態仍揮之不去），我拉着一家三口往當地的藝術中心直奔。

藝術中心由一所大學的舊址改建而成，一幢幢的磚樓排列有致。裏面「號稱」藝術的，除了一貫的音樂、舞蹈、陶瓷、繪畫、攝影外，還有針織、餅食、糖果、蠟燭等，琳琅滿目。為了一新耳目，我們專挑那些少見多趣的。

譬如針織，在千多呎偌大的樓房裏推動織布機吱吱作響的婦人，看來也有五十歲。

「現在的女孩子，還學這些玩意嗎？」想必也是項快失傳的藝術。

「當然，會用這部機的人還不少呢！很易學的，連你的孩子也會很快上手，要不要來試試？」沒想過她竟讓孩子碰她的寶貝，女兒當然樂於「拜師」，不消一刻鐘已織了幾條線，孩子樂透了。藝術，原來就是一種熱情的感染。

晚上，為了一睹有血有肉的新國名鳥 Kiwi Bird，電召了一輛計程車到 Willowbank 的動物園餐廳晚飯。那具是所名副其實的動物園，可以邊吃晚餐，邊餵小鹿，飯後還有一位導遊帶我們走進黑漆的森林，用手電筒照着正熟睡的天鵝，用蜜糖餵餓得呱呱叫的鸚鵡，當然還可以近距離觀賞奇珍異鳥 Kiwi。奇異鳥生性怕光怕吵，大抵除了未受空氣與聲音污染的新西蘭外，地球上也少有另一個可讓牠棲身的樂土。

在回程路上，女司機 Virginia 是一個健談的女孩子。在大學唸完管理，做了幾年寫字樓的工作便感厭倦，兜兜轉轉，便跑到南部開計程車賺錢。一人獨居，閒來放假便到處遊歷，現在儲錢準備明年到中國旅行。

「香港，是我必經之地。」她肯定的説。我立刻把名片遞給她，盼望建立下一次的聯繫。但腦海裏迴旋着的，只有一條問題：一個唸管理的大學生，正優哉悠哉開着「的士」，她不覺得有點那個嗎？但礙於文化的差距，這條問題始終問不出口。兩程車下來，大家談得挺投契，她忽然提議：「有上過基督城最高的山嗎？讓我帶你們上去瞄瞄！」一家三口面面相覷，不知怎樣回答之際，她笑了一笑説：「這是免費的，我只想表示新西蘭人的

親切好客！」

「去！去！當然去！」咱們哪有拒絕的理由，簡直卻之不恭。

孰知，接下來的旅程，還遇上不少像 Virginia 這樣熱情善良的天使，把我們照顧得體貼入微。離開前一天，我告訴那兒的華人朋友，他朝有假，我們定會重遊，不但是因為這兒擁有那近乎「天外有天」的遼闊美景，也因為當地人這份「人外有人」的熱情真摯，實在教人樂而「思」返呢。

原來曾以為陰霾密佈的少年歲月，

換了一個角度，可以這麼寫意多姿。

姐妹情深

記得那天，遇上你的舊同學。對方一表明身分，我立刻搖電話給你，雖然找不着，沒想到對方的回應竟是：「想到便找，你們姐妹感情真好！」這個我倒沒否認。

我們不是那些日日相見，任何時刻都像「糖黐豆」的姐妹。甚至在成長的歲月裏，我總覺得是活在你的陰影之下，極力想擺脱抽身。直至找回自己的位置角色，再回首審視許多前塵往事的時候，赫然發覺，你在我生命中留下正面鼓舞的印記，是那麼的清晰可尋。於是，拿了一個回憶的定鏡，把那些片段定格下來，再看過一清二楚：

片段一：帶來喜樂的膠冰箱

心裏渴想的，唾手可得，心裏便會喜孜孜的，手舞足蹈，那感覺叫做「快樂」，「快起」亦「快落」。至於耳未曾聞，眼未曾見，意想不到的，卻翩然臨至，那感覺叫做「喜樂」。因為充滿着驚歎、感激，卻又隱隱內蘊着平安與篤定。

還記得年稚的時候，生了一場大病。每天抱恙在牀，被母親半催半迫的去啃吞那如五毛錢大的藥丸。你卻悄悄走到我牀邊，遞上一部塑膠的冰箱玩具，內有多種食物：雞腿呀、菠蘿呀、麪包呀……均造型神似。你還叫我打開冰箱的門，因為門一打開，燈就會亮，逗得我咭咭的笑。後來才知道，你是用了教琴得來的微薄薪酬去買的，為讓抱病的妹妹「雖不能吃，卻可大飽眼福地瀏覽所喜愛的食物」。知道後，發覺淚珠兒直在眼眶裏打轉。愈長大也愈明白，在人生許許多多喜樂的時刻裏，笑與淚竟是不可分割的「連體嬰」。

片段二：瀟灑的出土文物

人家的瀟灑，是身無長物，袋無分文，無牽無掛，四海為家。咱們兩姐妹的瀟灑，卻是披戴在身的裝束。

不知哪時開始，我們分別迷上了民族服裝。先是結伴遊「潤土」，繼而是「高迪」，再下來便是山頂商場這間，或是美麗華商

場的那所民族服裝店。賣服裝的小姐，總會認得咱倆，有好幾趟，都告訴我：「你姐姐剛也買了這套呢！」

我喜愛民族服裝的寬鬆，穿起來一舉手一投足也有着一種飄飄然的感覺。有時古怪地想，生活擔子已很重，日常衣着當然瀟灑點好。穿得瀟灑，是預表一種心態，絕不拖泥帶水，拖拖拉拉；處事為人，也是「拿得起，放得下」。説來便臨，説走便離，揮一下闊袍上的大袖，不帶走半點兒雲彩。

咱倆這種民族服裝的穿着，友儕中早已街知巷聞。唯獨從前開服裝店的老父，仍在獨力抗議：「怎麼穿得像個出土文物」。

我們忙不迭回應：「老爸，你有所不知。這個年頭，我們穿的，是流行哩！」

片段三：隨想曲演奏機

還記得嗎？

很小很小的時候，放學回家看到你在練琴，我就會搖動你的手説：「姐姐，姐姐，彈這首歌給我聽吧！」你總有求必應。

看着你十指在黑白鍵上疾飛勁舞，那躁動的音符激發了我無窮的想像，像騎上千駒萬馬奔向未來。聽到低迴處，又有某種繾綣與依依。

我常央求：「姐姐，教我彈這首歌吧！」你總說曲譜艱深而推卻。也許，你想多留一個滿足我的機會，我也樂意扣動你這具隨傳隨奏的「演奏機」。至離港負笈滿地可，始發覺當地稍懂音樂的同學，都會彈這首《蕭邦的夢幻隨想曲》，那時，我花了一年時間，逐段逐段練好了這首名曲，不過聽來，卻總是味如嚼蠟，徒有純熟的指動。

那日，在鋼琴前聽你重奏，才如夢初醒，恍如開竅。噢，原來竟是這樣彈的。所謂「隨想」，原來並非隨便想彈便彈得出那種況味，唯有名曲配高手的時候，那種動人心弦的感覺才會湧現。

片段四：夢想的檀木盒

如果夢想是一種動物，牠一定是一隻振翅高飛的青鳥。

如果夢想是一種物件，它一定是一個晶瑩剔透的玻璃瓶。

如果夢想是一種植物，他一定是一朵欣欣向榮的向日葵。

然而，夢想卻從來不受任何形體規限，有時像小偷，竄入了內心，伺機出擊，搞得你蠢蠢欲動，若從中有人「推波助瀾」，夢想便會茁壯成蔭。

如自小沉迷執筆的我，一有機會便拿起筆來，吟詩作句。在周遭都認為「羅乃新的妹妹應該要彈琴」的呼聲裏，你卻獨排眾議，送了一個檀木造的小盒，裏面藏了一疊滿是中華秀麗山河的美景。你還殷切叮嚀：「看這些風景，可以增加你作詩的雅興！」我珍而重之把它藏起來，有空便拿着明信片默想，逐漸的，也儲了厚厚的一箱「明信詩」。於是又繼續想，如果有一天，我們可以一起合作，一個彈琴，一個寫文章，那該多好……

寫着寫着，我恍然領悟，原來曾以為陰霾密佈的少年歲月，換了一個角度看，可以這麼寫意多姿。原來曾覺得是遠遠疏疏的你，可以發現了這麼多親親密密的鏡頭。

原來，還有那麼多美好青澀的片段，等着我們換上感激感恩的心情，去細細回味品嚐。

我仍相信，心誠則達。